JN408822

내 인생의 주춧돌

내 인생의 주춧돌!

발간사

논어(論語)』의 「양화(陽貨)」편에 다음과 같은 이야기가 실려 있습니다.

어느 날, 재아(宰我)라는 공자(孔子)의 제자가 삼년상은 너무 길어 지내기가 힘드니 1년만으로 상(喪)을 마치면 어떻겠느냐고 물었답니다. 그러자 공자는 재아에게 다시 물었습니다.

"그렇게 하고서 흰쌀밥을 먹고 비단옷을 입어도 편하겠느냐?"

"예, 편하겠습니다."

"군자가 부모상을 당했을 때는 맛있는 음식을 먹어도 달지 않고, 아름다운 음악을 들어도 즐겁지 않으며, 한시도 마음 편히 지낼 수 없기 때문에 삼년상을 지내는 것이다. 하지만 그러고서도 네가 편할 수 있다면 그렇게 해라."

재아가 나가자 공자는 다른 제자들을 향해 이렇게 말했답니다.

"재아는 사람답지 못하구나! 자식은 태어나서 3년이 지나야 부모 품에서 떨어질 수 있다. 삼년상은 세상 사람들이 다 지내는 것이다. 재아도 부모에게서 3년 동안 사랑을 입지 않았겠느냐?"

공문십철(孔門十哲)의 한 사람으로 추앙받는 재아(宰我)의 물음으로 미루어 보면 돌아가신 부모에 대한 삼년상은 기원전이었던 그 옛날 공자의 시대에도 결코 쉽지 않은 일이었던 것 같습니다. 위 이야기에서 "재아는 사람답지 못하구나!"라는 말은 『논어』 원문의 "予之不仁也！"를 번역한 것으로, 여기서 '仁'은 공문(孔門) 최고 경지의 인생철학서 『중용(中庸)』에서도 "仁者人也。('仁'이라 하는 것은 사람다움이다.)"라고 하여 '사람다운 덕성'을 지칭하는 말입니다. '仁'은 일반적으로 '어질다'라는 뜻으로 새기지만, 사실 이런 뜻으로는 공자가 말한 '仁'의 의미를 다 포괄할 수 없습니다.

『논어(論語)』의 「학이(學而)」편에는 스승인 공자를 계승한 직계 제자인 유자(有子)가 '仁'의 근본 행위에 대해 말한 다음과 같은 구절이 있습니다.

"그 사람됨이 부모에게 효도하고 형제간에 우애하면서 손위를 무시하기 좋아할 사람이란 없다. 손위를 무시하기 좋아하지 아니하고서 즐겨 소란을 일으킬 사람은 없다. 군자는 먼저 근본이 되는 일에 힘쓰거니와 근본이 서야 도(道)가 생겨난다. 그러니 효성과 우애는 인(仁)을 행하는 근본이 아닐까？"

이처럼 공문(孔門)에서는 '사람다움'의 출발을 부모에 대한 효도와 형제간의 우애로 보았습니다. 그리고 '사람다움'의 구체적인 실천 방법으로 성실(忠)과 용서(恕)를 말했습니다. 공자가 말하는 '효(孝)'는 인간의 가장 자연스러운 감정에 기초한 것입니다. 부모님의 마음을 헤아리고, 또 부모님의 은혜에 보답해야 스스로 마음이 편하고 기쁘기 때문에 자발적으로 하는 것이지, 어떤 보상을 바라서 그렇게 하는 것이 아닌 것입니다.

부모님에 대한 효도는 당연히 부모님에 대해 감사하는 마음으로부터 시작합니다. 우리가 누구에게든 감사할 줄 안다는 것은 자신이 주체가 되어 세상 사람들을 판단할 줄 안다는 것입니다. 다시 말해서 스스로 주인이 되는 삶을 살아간다는 것입니다. 스스로 주인이 되는 삶을 살려면 자기 자신에 대한 믿음이 있어야 합니다. 자기 자신에 대한 믿음은 바로 감사할 줄 아는 마음에서 나오고, 모든 감사함 중에서 부모님에 대한 감사함이 근본이요 시초라는 것입니다. 불만이나 분노, 수치심이나 열등감에 빠져 있으면 남을 배려하고 용서할 여유가 없습니다. 감사할 줄 알고 남을 포용할 줄 알게 되면 그만큼 도량이 커지고 기쁨이 넘치게 됩니다. 나를 낳고 길러주신 부모님께 진정으로 감사하는 마음이 없다면 우리는 어떤 자신감도 가질 수 없으며, 어떤 일에서도 진정한 성공을 거둘 수 없을 것입니다.

베어드학부대학에서는 해마다 학생들의 마음에서 우러나오는 진정을 담은 글을 모아 책으로 엮는 일을 계속해오고 있습니다. 이 일은 햇수로 이미 5년을 넘겨 이제 '공감과 소통 시리즈'라는 이름으로 자리를 잡았습니다. 그 중에서도 특히 '부모님평전'이라는 형식의 글은 우리 학생들이 그간 부모님의 살아오신 발자취를 더듬어보고 평소 깊이 이해하지 못했던 부모님의 애환과 자식들에 대한 사랑을 새롭게 느끼고 감동하며 감사하는 모습을 여실히 보여주고 있습니다. 혈육을 나눈 부모님을 대신하여 학교에서 부모의 역할을 다하고자 하는 우리 교사들은 학생들의 이러한 대견한 모습에서 그들의 인격적인 성장을 바라보며 감격하고 또 감사하게 됩니다. 우리의 보다 나은 미래의 주역이 될 우리 학생들에게 힘찬 격려의 박수를 보냅니다.

2017년 2월

숭실대학교 베어드학부대학장

이 제 우

엮은이 서문

부모와 자식 간의 관계를 촌수로 셈하면 '일촌一村' 이라고 하지요. 우리는 세상에서 가장 가까운 사람인 부모님에 대해 매우 잘 알고 있다고 생각하며 살아갑니다. 그러나 '등잔 밑이 어둡다'라는 유명한 속담이 말해주듯 실제로 부모님의 삶과 자식에 대한 당신들의 생각에 대해 잘 알고 있는 사람은 많지 않습니다. 여기에는 여러 이유가 있겠지만 우리가 관심을 보이지 않아도 부모님은 항상 같은 자리에서 언제나 함께 해 주실 것이라 생각하기 때문일지도 모르겠습니다.

베어드학부대학에서는 2010년부터 신입생의 대학 생활 적응과 학부모님들의 학교 이해를 돕고자 신입생 학부모 초청 행사를 진행해 왔습니다. 이에 발맞추어 부모님 평전 공모전을 개최한 후 당선작을 모아 2014년에 책으로 출간한 바 있습니다. 출품된 원고들을 보며 공모전이 단순히 글 잘 쓰는 학생들을 선발하는 경진대회에 그치는 것이 아니고 부모님을 더 깊이 이해하고 부모님과 진솔하게 소통할 수 있는 기회가 된다는 점을 알게 되었고 이런 의미를 살리고자 2016년에 또 한 번 부모님 평전 공모전을 개최하였습니다. 이 책이 바로 그 결실입니다.

평전은 한 개인의 일생을 다루되 거기에 대한 필자의 평을 포함하여 적는 글의 양식입니다. 즉 부모님 평전은 가족의 역사나 기억나는 사건을 무미건조하게 열거하는 글이 아니라 부모님이 자신을 키워오며 느낀 감정을 추체험하고 부모님의 삶을 새롭게 이해한 결과물입니다. 이번에 출품된 평전에는 부모님 삶의 주요 사건들을 그저 나열하는 데에 머문 글도 있었지만 부모님의 삶의 갈피를 하나씩 되새겨보고 거기서 깨닫게 된 부모님의 사랑, 가족의 의미, 부모님이 나에게 준 영향들을 감동적으로 기록한 글도 다수 있었습니다. 부모님 평전을 쓰는 일은 부모님의 삶에 대해 이해하는 것이면서 동시에 자신에 대해서도 더욱 깊이 파악하는 과정이라는 점 또한 학생들이 쓴 문장 하나하나에 담겨 있었습니다.

이 책에 실린 글에는 부모님에 대한 감사의 마음을 표한 글도 있지만 드러내고 싶지 않은 어두운 가정사를 솔직하게 드러낸 글도 적지 않습니다. 학생들에게 부모님은 앞길을 밝혀주는 등불일 때도 있지만 때로 자신의 길을 가로막는 장애물로 인식되기도 합니다. 부모님의 사랑이 잘못된 방식으로 표출되어 자식의 성장을 어렵게 만든 사례를 찾는 것은 그리 어려운 일이 아닙니다. 사실 타인에게 말하고 싶지 않은 가족사를 드러내는 것은 큰 용기가 필요한 일인데 이 용기를 통해 학생들은 정신적으로 한층 더 성장할 수 있었다고 이야기합니다. 행복한 가족이든 그렇지 않은 가정이든 '나'란 존재는 부모님과의 관계를 빼놓고는 설명할 수 없다는 사실의 자각은 학생들이 독립된 개체로 성장하는 데에 꼭 필요한 깨달음이 아닐까 합니다.

평전을 책으로 엮으며 부모님을 누군가의 아버지, 어머니가 아니라 한 남자, 한 여자로 이해되었다는 학생의 글이 기억에 남습니다. 학생들은 대개 부모님을 자신의 보호자 정도로만 생각하지 그들도 결혼 전에는 자신만의 꿈을 가진 개인이라는 점을 알지 못한 채 성장합니다. 자식들이 태어나기 전 당신들의 삶을 어떠했을까, 부모님의 어린 시절 꿈은 무엇이었을까, 내가 태어났을 때 부모님은 무슨 생각을 하셨을까, 내가 중고등학생 때 부모님은 얼마나 힘들었을까. 평전을 준비하며 학생들은 이런 질문에 대한 답을 하나씩 알게 되고 이 과정에서 부모님이 가정을 꾸리고 자식들 뒷바라지를 위해 당신들의 꿈을 희생하며 묵묵히 살아오셨다는 것을 파악하게 됩니다. 부모님을 '누구 엄마·아빠'가 아니라 하나의 개별적 인격체로 파악하고 당신들의 꿈과 바람을 이해하게 된 경험은 학생들에게 잊지 못할 기억으로 남을 것입니다.

19세기 노예제 폐지에 앞장섰던 미국의 목사 헨리 워드 비처는 "우리가 부모가 됐을 때 비로소 부모가 베푸는 사랑의 고마움이 어떤 것인지 절실히 깨달을 수 있다."라고 말했습니다. 학생들이 부모가 되기까지 아직 많은 시간이 남아있고 부모님에 관한 글을 한 편 썼다고 해서 부모님의 사랑의 깊이를 다 이해했다고 말할 수는 없을 것입니다. 영원히 그 깊이를 알지 못할지도 모릅니다. 그러나 평전 쓰기 경험을 통해 부모님이 베푼 사랑의 고마움을 조금이라도 느끼고 부모님과 '나'란 존재가 복잡하게 얽혀 자신의 삶이 형성되었고 앞으로도 그럴 것이라는 점을 깨달았다는 사실 자체가 중요한 것이 아닐까요. 이 책에 실린 글들은 이런 점을 웅변적으로 보여줍니다. 부모님 평전 쓰기를 통해 시작된 부모님과 학생들의 대화가 앞으로도 계속 이어져 더 울창한 대화의 숲으로 확대되기를 바라며 이 책을 엮습니다.

숭실대학교 베어드학부대학 교양교육연구소

책임편집 **한 래 희**

CONTENTS

2장

어머니와 만나다

3장

부모님과 만나다

내 인생의 주춧돌!

1장

아버지와 만나다

문득 마주친 아버지의 뒷모습
아버지의 얼굴, 아버지의 뒷모습

아버지의 땅을 걸으며

성 준(경제학과)

수년 전 아버지는 가족들을 모아놓고 작은 목소리로 고백하셨다. "땅을 좀 샀어. 그 땅에 농사를 지을 거야" 이 한마디가 다였다. 아버지는 왜 땅을 사서 농사를 지을 생각을 했는지, 앞으로 어떤 식으로 땅을 가꿀 것인지에 대한 말씀은 하지 않으셨다. 나와 가족들은 아버지의 갑작스러운 고백에 놀라 그 이유를 물었지만 평소에도 당신의 속 얘기를 하지 않는 아버지는 답을 하지 않았다. 답답한 마음에 우리는 일단 그 땅을 보러 지방으로 내려갔다. 아버지가 산 땅은 충북 제천의 한적한 시골 마을에 있었다. 내 눈으로 확인한 땅의 모습은 참담했다. 내 키만한 잡초들이 무성히 나뒹구는, 한눈에 봐도 오랫동안 방치된 땅이었다. 게다가 길도 나있지 않은 맹지, 한마디로 값 떨어지는 쓸모없는 땅이었다.

그러나 아버지의 눈엔 그 땅이 진주를 가득 머금은 진흙과 같았나 보다. 땅을 둘러보고 말없이 심각한 표정을 짓는 우리에게 아버지는 두 가지를 약속하셨다. 첫째, 절대 농사일을 도와달라고 하지 않겠다. 둘째, 건강을 생각해서 무리하지 않겠다. 우리는 도시에서 태어나 평생을 도시인으로 살아온 아버지가 논과 밭밖에 없는 시골마을에 정을 붙일 수 있을지, 혈압약을 달고 사는 아버지의 몸이 고된 농사일을 감당할 수 있을지 걱정되었지만 아무 말도 하지 않았다. 그건 그 땅을 둘러보는 아버지의 눈빛이 즐거움에 가득 차 있었기 때문이다. 나는 아버지가 어린아이처럼 설레고 신나하는 모습을 처음 보았다. 그 땅은 일평생 아버지가 온전히 자기 자신을 위해 산 첫 번째 선물이었다.

그리고 7년이 흘렀다. 아버지는 주중엔 울산에서 일을 하시고 주말엔 제천의 농장을 가꾸셨다. 특별한 일이 없는 한 아버지의 스케줄은 고정이었다. 아버지는 당신이 약속하신대로 우리에게 한 번도 도와달라고 말씀하시거나 지친 기색을 보이시지 않았다. 우리는 아버지가 너무 무리하시는 것은 아닐까 걱정했지만 학업으로, 일로 바쁘다는 핑계로 아버지의 땅을 잊어갔다.

어느 날 아버지가 우리를 그 땅으로 초대했다. 아버지가 우리에게 먼저 농장으로 오라고 한 것은 그때가 처음이었다. 우리는 열일 제쳐두고 아버지의 나라로 향했다. 그곳은 언제부턴가 우리 형제들 사이에서 아버지의 나라로 불렸다. 아버지는 그곳의 유일한 백성이자 왕이었다. 형제들끼리 재미로 한 말이었지만 어쩐지 아버지가 그곳에 벽을 쌓고 있는 느낌이 들어 답답하고 서운하기도 했다. 이참에 우린 7년 전 아버지에게 되묻지 못한 이유를 묻기로 했다. 한참을 달려 오밤중에 농장에 도착한 우리를 아버지가 환한 미소로 반겨주셨다. 아버지는 건강해보이셨지만 여느 촌부처럼 새카맣게 탄 얼굴에 난 마음이 편치 않았다. 우린 캠프파이어를 하며 늦은 저녁과 함께 술을 마셨다. 모두 취기가 오르자 우린 아버지께 이곳에 오신 이유를 조심스레 물어보았다. 아버지는 한참을 머뭇거리시다 말씀을 하셨다. 내 평생 아버지가 그렇게 길게 말씀하신 건 처음이었다.

아버지는 지난 수십 년간 직업병과 산업재해를 연구하셨다. 아버지는 무언가를 탐구하고 치열하게 공부하는 것이 좋아 이 직업을 선택하셨다. 갑작스럽게 기울어진 형편 탓에 공부를 이어가기가 쉽지 않았지만 성실하게 노력한 만큼 결과를 얻는다는 당신의 확고한 믿음이 있었기에 힘든 시절을 견뎌내셨다. 그러나 연구대상인 직업병과 산업재해의 사례들을 조사하면서, 평생 자신이 종사했던 일을 후회하고 그 일을 직업으로 선택한 자기 자신을 원망하는 사람들을 만나면서 가치관의 혼란을 겪으셨다고 한다. 아버지는 평생을 투자한 일에 대한 노력의 대가는커녕 몸과 마음에 장애가 생긴 사람들을 인터뷰하기가 몹시 고통스러웠다. 그래서 그는 노력에 상응하는 정직한 대가를 받는 일에 무엇이 있을까 고민했다. 고민 끝에 아버지는 그것이 땅일 일구는 것임을 어린 시절의 기억 속에서 찾아내었다.

아버지는 어린 시절 동네에서 가장 넓은 마당을 가진 집에 살았다. 아버지의 어머니, 즉 나의 할머니는 넓은 마당의 대부분을 정원으로 가꾸셨다고 한다. 계절에 맞춰 꽃과 나무를 심고 잡초를 뽑고 해충을 잡는 일은 할머니 일과의 대부분을 차지했다. 아버지의 기억 속 할머니의 모습은 흙투성이 손에 언제나 작은 삽과 물뿌리개를 들고 있는 모습이라고 한다. 사시사철 아름다운 정원은 할머니의 자부심이자 동네의 자랑이었다. 그러나 할머니는 아버지가 중학교에 들어갔을 무렵 세상을 떠나셨고 그 정원은 곧 황폐해졌다.

남겨진 자식들을 위해 할아버지가 마음에도 없는 재혼을 서두르자 아버지와 형제들은 할머니의 정원을 가꾸겠다고 결심했다. 할머니의 정원에 다시 꽃이 피고 녹음이 짙어지면 할아버지가 할머니의 빈자리를 느끼지 못할 것이라는 어린 아버지와 형제들의 순수한 마음이었다. 하지만 넓은 정원을 가꾸기란 쉬운 일이 아니었다. 무성히 자란 잡초를 제거하고 씨를 뿌리고 물을 주는 일은 다 큰 어른도 힘든 일이다. 아버지의 형제들은 하나 둘씩 포기했지만 아버지만은 포기하지 않았다. 아버지는 할머니를 그리워하는 마음으로 정원을 가꿨다. 수개월이 지난 후에야 할머니의 정원보다는 못하지만 그래도 아름다운 아버지의 정원이 완성되었다. 땅은 어린 노력과 정성을 배신하지 않고 꽃을 피워주었다. 아버지는 대학에 입학해 집을 떠나기 전까지 오랜 시간 정원을 돌봤다. 그래서인지는 모르겠지만 할아버지는 팔십 평생 동안 재혼하지 않으셨다. 늦은 밤 아버지의 말씀은 여기까지였다.

아버지 평생의 성실함과 노력의 원동력은 바로 이 어린 시절의 경험이었다. 그리고 아버지는 자신의 가치관이 흔들리는 위기에 빠졌을 때 다시 한번 이 귀중한 경험을 떠올렸다. 땅은 땀과 노력을 절대로 배신하지 않는다. 자신의 믿음을 증명하기 위해, 그리고 사례연구를 하면서 만난 산업재해 피해자들에게 희망을 주기 위해 아버지는 잡초가 무성한 땅을 7년 동안 가꾸었다.

이튿날 아침 나는 일찍 일어나 아버지의 땅을 걸었다. 시골의 밤은 아무것도 보이지 않지만 이른 아침은 모든 사물이 맑고 깨끗하게 보인다. 7년 전 나를 경악시킨 잡초가 무성한 땅은 온데간데없고 하얀 꽃이 잔뜩 핀 사과나무가 나를 반겨주었다. 아직은 아담한 사과나무 밭을 따라 언덕 위로 올라가자 복숭아밭, 배밭, 호두밭이 끝없이 이어져 있다. 땅에는 잘 정돈된 길이 나있어 걷기가 편했다. 아버지가 어떤 노력을 했는지 걸음걸음 느껴져 가슴이 아팠다. 아버지는 꾸준한 노력과 성실함으로 자신의 가치관이 틀리지 않았음을 자식들 앞에서 증명해냈다. 이 땅은 아버지의 세계이다. 자신의 세계를 만드는 것은 실로 위대한 일이다. 아버지가 어린 시절 집 마당 안에 만들었던 작은 세계가 이렇게 커졌다. 아버지는 자신의 세계가 점점 더 확장되기를 바라실 것이다.

나는 그 동안 아버지의 땅을 당신만을 위한 땅이라고 생각했다. 나는 아버지가 벽을 쌓고 있다고 생각하며 답답해했다. 그러나 벽을 쌓고 있던 것은 나였다. 아버지가 일군 것은 비밀의 정원이 아닌 희망과 자기 소신의 증거였다. 묵묵히 자신의 길을 한 걸음 한 걸음 내딛는 사람은 결국에 자신의 세계를 만들 수 있다. 아버지의 땅을 걸으며 나는 아버지의 세계를 이어갈 결심을 했다. 나 역시 당신처럼 희망의 증거이고 싶다고.

세상을 향한 간절한 발걸음

고우리(화학공학과)

정말 여린 소년이 있다. 밖에 나가면 매우 엄한 상사로 변해 있지만 실제로는 마음도 생각도 여려서 그 소년을 바라보면 안쓰러워지곤 한다. 마치 여린 새싹이 세상의 강한 빛과 다른 식물들에게 이기려고 안간 힘을 쓰고 있는 모습을 바라보고 있는 심정과 같다.

세상 앞에 선 농촌 소년

시골 농촌에서 9남매 중 8번째로 태어난 소년은 어릴 때부터 농사일이 싫어 공부를 했다는 그 전설이 적용되는 아이였다. 첫째와 15살가량 차이가 나 또래에 비해 부모님의 나이도 많아 서러웠다. 당시 어려운 나라 상황과 농촌이라는 배경으로 출생신고도 늦게 해 초등학교 때부터 늦어질 수밖에 없던 아이. 그 소년의 설움은 그때부터 시작되었다. 9살 입학. 중학교 시절 아버지를 여의고, 그 때부터 소년은 출가하여 공부하게 된다. 고등학교는 서울로 상경해 큰 형의 집에서 지내게 된다. 막내아들이기도 해 가족의 큰 기대를 짊었던 아이. 학창시절 정말 모범생으로 살았다. 그냥 형들이 가라고해서, 가족의 가난을 지워주고 싶어서 법대에 가고자 했다 .

사실 그 목표를 이루기까지도 무척 힘겨웠다. 이미 초등학교 입학부터 1년 늦은 아이. 운이 따르지 않았는지 거듭된 학력고사와 중간에 군대도 미리 다녀와 또래보다 7년이 늦은 나이로 sky 법대에 입학하게 된다. 인생이 늦었다는 그 상처는 아이에게 너무나 크게 왔다. 함께 할 동갑내기를 찾기 어려워 곁에 사람들은 많지만 사실 너무 외로웠다. 오직 목표만 보였던 그는 대학교 1학년 때부터 고시공부에 입성하게 된다. 어떻게든 농촌과 가난의 꼬리표를 자신에게서 떼어내고 싶어서 대학교 1학년 새내기부터 13년간 고시 생활을 시작 한다 .

그 와중에 다행인지, 인연인지 친구의 지인과 함께 관악산에 오르게 된 날이 있었다. 그 때 잘 움직이지 않는 차에서 내려 차를 힘껏 밀어 위기를 모면해 준 그 여자에게 매력을 느끼게 된다. 안 그래도 늦은 나이라 불안했는데 기회를 노려 그는 어떻게든 이 여자를 붙잡겠다는 생각으로 가지 않던 장소도 가고 하지 않던 행동도 하여 결국 7살 연하의 여자를 잡는 데 성공하게 된다. 하지만 결혼생활은 순탄치 않았다. 늦은 나이에 한 결혼과 계속되는 고시공부로 사회생활을 할 수 없어 모든 살림과 경제생활을 여자에게 맡겨 마음이 편치 않았다. 세월이 지나 고시공부를 하는 동안 어느새 세 딸의 아빠가 되어 있었다 .

아빠의 다짐

그렇게 세 명의 딸을 가질 동안에도 고시공부는 계속되었지만 결국 너무 높은 경쟁률을 감당하지 못하고 13년 간의 길고 긴 사법고시를 접게 된다. 50대 근처가 되어서야 늦게 사회생활을 시작하게 되었지만 절대 그는 세상에 지지 않았다. 가족에겐 자신처럼 경제적 여건으로 하고 싶은 공부를 하지 못하는 상황을 물려주지 않기 위해 휴가 내는 날도 없이 오직 가족을 위해 정말 열심히 뛰셨다. 사법고시를 접은 후 학원 강사라도 해보려고 여러 학원도 알아보고 늦깎이 취직이라도 해보려고 여러 회사도 알아보았다. 그러던 중 한 건설회사와 인연을 맺게 되었다. 주말도 연휴도 쉬지 않고 달린 결과 그는 건설회사의 사장이라는 명함을 얻게 된다. 이로부터 그는 현실에 대해 인식하고 자신이 할 수 있는 일과 할 수 없는 일에 대한 명확한 기준을 세울 수 있었다.

사회에 어느 정도 정착하여 순조롭게 지내던 중 그의 인생에 큰 계기를 만들어 주는 사건이 발생한다. 예상치 못했던 고등학생인 큰딸의 큰 수술로 아버지는 잠을 편히 잘 수 없었다. 딸이 병으로 치료받으러 다니고 수술 통보까지 받았을 때 아빠는 큰 결심을 하게 되었다고 한다. 이 아이가 훗날 절대 힘들어 하지 않도록 모든 기반을 만들어 놓을 것이라고 말이다.

아빠와 딸

그 신념으로 오늘까지 달리고 계신다. 그 때는 몰랐다. 부모의 마음까지 미처 파악할 만큼 철들지 않았기에. 아빠가 나 때문에 그런 결심을 했다는 걸 전해 듣고 너무 마음이 아팠다. 정말 그냥 아빠가 편한 마음으로 지내셨으면 좋겠다. 딸을 위해서가 아니라 아버지 자신을 위해 사셨으면 하는 간절한 바람이다.

아빠랑 나는 비슷한 게 너무 많다. 얼굴부터 완전히 빼닮았다. 그래서 엉뚱하게 내가 일이 잘 풀리지 못하면 아빠가 이상하게 싫어졌다. 늦게 진행되는 것이나 잘 되지 않는 것까지 아빠의 DNA를 닮아서 그런 건가, 어쩔 수 없는 사주 같은 유전의 대물림인가 두렵기까지 했다. 정말 어리석은 모습이었다 .

끈기 있고 자신을 통제하면서까지 맡겨진 일을 모두 해내고 마는 책임감, 무너져도 다시 일어서는 칠전팔기의 정신. 이것이 아빠가 내게 준 성향이다. 한마디로 성실함이라고 요약할 수 있다. 그래서인지 나도 아빠의 그런 성향을 싫어하면서도 어느 일이 주어지면 나를 통제하고 괴롭히면서까지 그 일에 집중하고 계속하곤 한다. 이건 아빠와 닮고 싶지 않은 점이기도 하다. 이 성향에 대한 조절은 이제 내가 스스로 하며 나아가야겠다는 결론을 지었다. 사실 아빠도 함께 조절해주고 싶은 심정이다.

더 나아가 사회를 너무나 부정적으로 바라보는 아버지의 마음병은 정말 닮고 싶지 않은, 치료해 주고 싶은 부분이다. 그것이 싫어난 아빠의 그 성향은 닮지 않으려 노력했다. 적어도 나는 세상을 아름다운 모습도 많고 모두가 함께 도와가며 가꾸어 나가야 할 공간이라고 생각한다. 세상의 치열한 경쟁으로 주말과 연휴 때도 제대로 쉬지 못하시고 계속 뛰시는 모습을 보면, 또한 세상을 너무 어두운 시각으로 보고 강팍하게만 보시는 모습을 보면 마음이 아프다. 자기 스스로를 사랑하시고 아끼고 좀 쉬시면서 가셨으면 좋겠다. 집 안에서도 편히 있지 못하시고 세상의 경쟁의식을 강조하시는 모습을 보면 슬퍼진다.

한편으로는 아버지의 그런 사고가 부정적이지만 않다. 모든 아버지들이 그렇겠지만 나는 세상 앞에 일어설 수 있는 방법을 많이 배웠다. 딸 또한 아버지를 닮아 그런지 현실 앞에서 좌절하고 부딪힐 때가 같은 나이 대에 비해 비교적 많았다. 그 가운데서 아버지는 든든한 버팀목이 되어주셨다. 이 세상 앞에서 절대 굶지 말라고 심어

주셨다. 덕분에 아직 완전히는 아니지만 어디서든 당당해질 수 있는 힘을 키울 수 있게 되었다. 아버지의 이런 영향으로 세상을 바라보는 온전한 시각을 갖춰야겠다는 필요성을 강하게 느꼈다. 아버지의 시선도 아니고 어디에 치우친 시선도 아닌 정말 바르게 세상을 바라볼 수 있는 시선을 말이다.

사실 우리 아빠는 여리시다. 강해 보이고 싶어 하는 어느 소년과 같다. 그래서 그 소년이 세상에서 이겨내려고 발버둥 치다 아파하는 모습을 보면 마음 한 곳이 무척 짠해지곤 한다.

아빠, 응원합니다

돌아보면 아버지의 인생에서 늦음은 결코 늦었던 것이 아니라는 생각이 든다. 이미 세 딸의 아버지로서 성공하였고, 매일같이 13년간의 고시생활로 인해 경제적 뒷바라지를 해주지 못해 가족에게 미안하다고 반복하시지만 현재의 삶을 보고 만족해 하셨으면 한다. 오히려 사법고시는 아빠의 진정한 길이 아니라 주어졌던 반강제의 의무였고, 만약 합격하셨으면 지금처럼 강한 아버지는 없었을 것이라 생각한다. 아버지는 사실상 바른 방향으로 살아오셨고, 살아가고 계시는 중이라는 것을 확신한다.

아빠는 우리에게 매일같이 어릴 때 고시공부 하느라 아빠가 같이 못 있어주고 못 놀아줘서 미안하다고 거듭 말씀하시지만 그런 생각을 가지지 않으셨으면 한다. 집 안에 계실 땐 딸들의 방문을 열어 애교의 응원을 하시고 가시는 아빠. 아빠의 그 응원이 딸들에게 엄청난 시너지를 주고 있다는 것을 아실까. 아빠가 그 효과를 꼭 아셨으면 좋겠다. 우리에게 아버지는 그 존재만으로도 감사하고 우리 가족을 이렇게 일궈주신 현재에 너무나 감사드린다는 것도 말이다. 절대 아빠는 가족에게 돈을 줘야하는 의무의 존재가 아니라 그것을 배제하고 아버지 존재 자체가 더욱 중요하고 가족에게 필요한 분이시라는 점을 꼭 깨닫고 아버지 자신을 사랑해주셨으면 하는 간절한 바람이다.

마지막으로 아버지에게 작은 메시지를 전하며 글을 마친다.

아빠, 감사해요.

그리고 아빠 때문에 아팠던 거 아니에요. 자꾸 미안해하지 말아요.

제 일이 안된다고 아빠의 실패력까지 닮고 그 DNA가 유전적으로 더 진화되어 제 DNA로 온 거 아니냐고 엉뚱하게 아빠 마음만 아프게 하는 이상한 소리를 계속해서 죄송해요.

누가 제 이름만 말해도 아빠 눈에 눈물이 글썽여진다는 이야기를 들었어요. 제가 노력해서 아빠 마음 아프지 않게 해드릴게요.

아빠 정말 존경해요. 저도 아빠의 그 정신을 빨리 따라가고 싶어요.

하지만 아빠 쉬시면서 가요. 세상 절대 나쁘지만은 않아요.

아빠 몸도 돌보면서 쉬실 때 푹 쉬시고 연휴도 즐기시고 편안한 마음 가지셨으면 좋겠어요.

아빠 사랑해요.

나는 그였고 그이며 그일 것이다

권용우(화학공학과)

빗방울이 점점 거세지고 있었다. 지금은 오후 6시 27분, 퇴근 시간의 숨막히는 지하철은 피하고 싶었지만 하늘이 성을 내듯 쏟아지는 빗줄기를 감당 할 수 없어 사당행 2호선 열차에 올라탔다.

퇴근길 열차 안 사람들의 얼굴은 죽은 이의 얼굴이다. 더 이상 소모할 감정도 남아있지 않은 그들의 얼굴은 공허하다, 사실 그들의 표정보다 더 공허한 것은 그들이 입고있는 옷이다. 옷에는 주인의 하루. 그 옷을 입었던 날들에 대한 기억이 고스란히 간직되어 있다. 우리는 입었던 옷을 세탁하고 그 옷이 깨끗해졌다 착각하며 다시 옷들을 입는다. 그러나 옷에 묻은 얼룩은 지워질 수 있어도 그 옷이 가지고 있는 기억들은 지울 수 없다. 난 그 기억들을 느낄 수 있는 능력을 가졌다.

사이코메트리. 어떤 사물이든 손을 대면 그 사물이 지니고 있는 기억들을 느낄 수 있는 능력이다. 나는 그 저주받은 손을 가지고 있다. 어떤 물건이든 만지는 순간 그 주인에 대한 역사가 나에게 쏟아진다. 처음에는 나에게 이 능력이 있다는 것을 알지 못했다. 이 능력에 대한 태초의 기억은 6살 서커스 공연에서였다. 부모님 손을 잡고 놀러간 놀이공원에서 서커스단이 공연을 하고 있었다. 서커스단에서는 코끼리를 타고 공연장 주위를 한 바퀴 돌 수 있는 체험이 있었는데 나는 그 체험을 할 수 있는 기회를 가지게 되었다. 설레는 마음으로 코끼리 안장에 앉아 고삐를 잡은 순간이었다. 서커스단 우리에서 밤새 울부짖는 코끼리의 모습, 가혹한 매질을 당하며 학대당하는 코끼리의 기억이 파도처럼 나에게 밀려왔다. 공연장 주위를 도는 5분 동안 나는 갓난아기처럼 울지 않을 수 없었고, 그 5분은 나에게 영원의 시간으로 느껴졌다. 그때부터였다. 남들과 다른 삶을 살기 시작한 건. 내 손이 무서웠다. 왜 나에게 이런 일이 일어난 걸까? 우리가 쉽게 지나치는 모든 사물을 만지는 것이 두려웠고 쓰나미처럼 밀려오는 기억들을 보는 것이 괴로웠다. 아주 작은 물건이라 할지라도 각각의 역사가 있었고 어린 나는 그 기억의 파도를 감당하기는 너무 작은 조각배였다.

이번 역은 신도림, 신도림역입니다.

아직 집으로 가는 길은 많이 남았고, 지하철은 여전히 만원이었다. 여기저기서 사람들의 옷들이 내 손을 스쳤고, 그들의 지친 삶들이 내 마음속을 채워나갔다. 난 그들의 하루를 느꼈고 그들의 하루를 공유했다. 왕따 당하는 고등학생의 하루, 사직서를 가슴에 넣고 다니며 오늘 하루도 참는 직장인의 하루, 모두가 퇴근하는 시간 일자리로 향하는 창녀의 하루. 그래도 14년째 이런 삶을 살아오니 나름대로 내성이 생겨 큰 파도가 아닌 이상 흔들리지 않는 법을 배웠다. 모두가 다르지만 비슷한 삶을 살았고 비슷하지만 다른 기억을 가지고 있었다.

그때였다. 누구의 것인지도 모르는 코트의 소매가 내 손에 닿은 것은. 여느 때처럼 그 코트 주인의 기억이 내 머릿속으로 밀려들어 왔고, 난 그의 하루를 둘러보고 있었다. 그때 먼 옛날로 보이는 기억의 파도 속에서 누군가의 얼굴이 보였다. 그토록 보고 싶었던 얼굴, 그러나 다시는 볼 수 없었던 얼굴. 내 아버지였다. 놀란 난 순간적으로 코트에서 손을 떼버렸다. 아버지, 내 아버지를 아는 누군가의 기억이었다. 놀란 나는 그대로 주저앉았다. 정신을 차리고 그 기억의 주인을 찾았을 때 이미 열차는 역을 출발했고 많은 사람들이 열차에서 내린 후였다. 누구의 기억이었을까. 나는 지하철 출입문에 기대어 남의 것이 아닌 내 기억 속에 빠져들었다.

2014년 4월 오늘같이 비 내리는 밤. 내 영웅은 다시금 하늘의 별이 되었다. 집 앞 주차장에서 쓰러진 채로 발견된 그의 모습을 어린 내 동생이 발견했다. 사인은 심장마비. 그 후 한 달은 어떻게 살았는지 잘 기억이 나질 않는다. 슬픔으로 가득한 나날들이었다. 숨을 쉬어도 담배를 태우는 느낌이었고, 하루도 울지 않은 날이 없었다. 그러나 얼마 지나지 않아 남은 가족들을 보며 다시 일어섰고 조금 더 강인하게 살아갈 수 있게 되었다. 나는 그가 너무 보고 싶었다. 옷장 위 그의 유품들을 만지면 다시 그를 볼 수 있다는 것을 알았지만 용기가 나질 않았다. 언제까지 죽은 이를 붙잡고 살 수는 없는 일이었다. 그를 불러오는 순간 다시 그를 추억 할 수 없을 것 같았다.

이번 역은 사당, 사당역입니다.

넋이 빠진 채 집에 도착했다. 코트의 주인은 아버지의 친구였을까? 아니면 동료? 그의 추억을 안고 있는 그 옷의 주인은 누굴까? 2년 만에 다시 본 그의 모습은 내가 기억하는 그 모습 그대로였다. 그의 얼굴을 본 순간 손을 떼버린 내 자신이 원망스러웠다. 조금 더 볼 수 있었는데. 그의 얼굴을 다시 보고 싶은 마음이 너무 커져 더 이상 감당하기 힘들었다.

오랜 고민 끝에 옷장 위의 상자를 여니 그의 물건들이 나를 쳐다보고 있었다. 그 안에 놓인 몇 가지 물건들을 나는 떨리는 손으로 만지기 시작하였다. 내 손길이 제일 먼저 다다른 물건은 그의 '어린 시절 일기장'이었다. 일기장에 손을 대는 순간 깡마른 체구의 한 아이가 내 눈앞에 나타났다. 그 아이는 경상북도 의성에서 태어나 10살에 교사인 아버지를 따라 서울로 상경하였다. 2남 2녀 중 막내아들인 그의 어린 시절은 파란만장했다. 촌구석에서 온 촌놈이었지만 어릴 때부터 남달랐던 리더십과 성격이 그를 얼마 지나지 않아 골목대장으로 만들어 주었다. 그는 사람을 좋아했고 사람들은 그를 많이 따랐다. 아직은 개발이 되지 않았던 사당동 일대를 여기저기 뛰어다니던 그의 꿈은 군인이었다. 멋진 제복을 입은 육사 학생들의 모습은 소년의 마음을 훔쳤고 그의 장래희망 칸에는 항상 군인이라는 두 글자가 적혀있었다. 그러나 운명의 장난인지 12살 그는 집 옥상에서 떨어지게 되었다. 떨어진 순간 그의 비장은 파열되었다. 그는 몇 개월에 걸쳐 생사의 고비를 넘나드는 대수술을 하였다. 이 수술이 그에게 남긴 것은 배에 40cm에 달하는 커다란 상처만은 아니었다. 소년의 장래희망 칸은 그 날부터 항상 공백이었다. 수술과 회복과정은 버티기 힘들었지만 그보다 더 괴로웠던 것은 날개를 펴보기도 전에 좌절을 맛본 소년의 마음이었다. 누가 그를 위로해줄 수 있겠는가? 사람은 꿈을 꾸며 자란다. 그 꿈을 성취하기도 하며 실패하기도 하며 아파하고 기뻐한다. 소년도 마찬가지였다. 그는 어린 나이에 첫 좌절을 맛보게 되었다. 그러나 그는 주저앉아 울기만 하지 않았다. 그는 울음을 멈추고 새로운 삶의 방향을 찾아 다시금 나아갔다. 소년은 생각보다 강인했다.

소년의 모습은 점차 흐릿해져 갔다. 소년은 울음을 멈췄지만 내 눈에는 눈물이 고이기 시작했다. 나는 떨리는 손으로 다음 물건에 손을 옮겼다.

내 손길이 다음으로 닿은 곳은 그의 '젊은 시절 사진첩'이었다. 사진첩에 손이 닿은 순간 배에 큰 흉터를 가진 소년은 청년이 되었다. 청년은 치열한 입시 끝에 숭실대학교 공과대학에 진학하였다. 사실 나와 아버지는 닮은 점이 참 많다. 그의 31번째 생일날 정오 그를 꼭 닮은 내가 태어났다든지, 같은 학교의 공대에 진학했다든지를 생각할 때면 난 그의 인생을 따라 걷고 있다는 느낌이 든다. 그는 음악과 술을 사랑하는 뜨거운 청년시절을 보냈다. 첫사랑에 실패해 울기도 하였고, 하늘의 별을 보며 자신의 미래를 그리기도 하였으며, 시험 기간에는 밤을 새며 도서관을 지키기도 하였다. 일본으로 배낭여행 떠나기 전날 설레는 마음에 눈도 붙이지 못하였고, 세상이 자신을 알아주지 못한다며 소리도 쳐보았다. 그도 나처럼 꿈 많고 젊었다. 왜 몰랐을까? 그도 나와 똑같다는 사실을. 아버지란 이름으로 가슴에 묻어야만 했던 그 많은 꿈들을. 그가 내 곁에 있었을 때, 나는 그에게 멀찍이 떨어져있었고 그가 떠난 지금 나는 그에게 한 걸음씩 다가서고 있었다. 청년은 나와 같은 젊음이었다.

청년의 모습은 희미해져갔다. 눈은 팅팅 부었고 입술은 파르르 떨렸다. 심호흡을 하고 마지막 물건으로 내 손을 옮겼다.

마지막으로 내 손이 닿은 곳은 그의 낡은 구두였다. 그의 구두에 손이 닿은 순간 꿈 많던 청년은 배나온 40대 아저씨가 되었다. 이제 그는 젊음을 바쳐 사랑한 여인의 남편이며 두 아이의 아버지이다. 가족의 밥그릇 때문에 모든 것을 참고 회사에 다니는 대한민국의 아버지다. 그는 4남매 중 막내였지만 노부모를 모시고 평생을 살았다. 그의 어깨는 남들보다 많이 무거웠다. 그의 낡은 구두는 항상 그런 그와 함께 했다. 힘든 회사 생활에서도, 집에 돌아와 신발장에서 쉬고 있을 때에도 항상 그를 보고 있었고 나를 보고 있었다. 구두의 눈에 아버지는 어떤 모습이었을까. 그는 가족은 알면서 자신은 모르는 남자였고, 짧은 삶 동안 우리에게 갚을 수 없는 사랑을 주고 간 남자였다. 그가 혼자 거실에서 마시는 소주 한잔은 많이 무거웠고, 그가 태우는 담배 한 가치는 많이 독했다. 나는 그런 그에게 다가가지 못했고, 어깨의 짐을 덜어주지 못했다. 아버지는 고독했고 외로웠다.

기억들이 멈추었다. 아버지의 모습은 다시 보이지 않게 되었다. 나는 화장실로 달려가 찬물로 세수를 하였다. 그런데 거울 속 내 얼굴에서 그의 소년, 청년 그리고 내가 기억하는 그의 모습이 보였다. 난 '그'였고 '그'이며 '그'일 것이다. 시간은 화살보다 빠르고 우린 같은 역사의 반복 속에서 살고 있다. 내가 살아있는 한 그는 존재하며 내가 죽고 난 뒤에도 또 다른 기억으로 그는 존재할 것이다. 언제 그랬냐는 듯이 어느새 빗소리는 들리지 않는다. 현관문을 열고 그가 떨어졌었던 옥상으로 올라가 하늘을 본다. 먹구름은 사라지고 점점 푸른 하늘이 다가오고 있다. 나는 하늘을 보며 작은 목소리로 속삭인다.

안녕, 내 영웅.

부모님 평전

김은일(글로벌통상학과)

아빠는 1963년 중국 길림성 왕청현에서 태어났다.

집안에서 3남 3녀 중 넷째로 태어나서 누나 둘, 형 하나, 남녀동생 둘이었다.

아빠는 초등학교 때 똘똘이라는 별명을 가지고 있었다고 하셨다.

남들이 들으면 강아지 이름 같기도 하지만 반에서 워낙 성적이 우수하고 똑똑하셨다.

그래서인지 아빠는 집안의 사랑을 많이 받고 자랐다고 하셨다.

할아버지의 관심과 사랑은 아빠한테 더 많이 주셨다고 한다.

할아버지는 그 당시 남들 부러워하는 목수라는 좋은 직업을 가지고 계셨다.

할아버지의 직업은 온 집안가정을 먹여 살리고도 충분히 여유 있을 정도로 잘 사는 편이었다.

할머니는 평범한 가정주부이시고 마음씨 고운 상냥한 어머니셨다.

그렇게 아빠는 그나마 좋은 집안에서 태어나서 아무런 근심걱정 없이 초등학교를 졸업한다.

아빠는 왕청현에서 가장 좋은 중학교 왕청 제5중학교에 입학하셨다. 공부도 잘했지만 친구들이 많아서 자주 집에 찾아와 같이 티비를 보고 간다고 하셨다.

때로 친구들과 같이 할아버지의 목수 작업을 도와 주셨다고 한다. 할아버지의 목수 일을 전수받으신 아빠는 어렸을 때부터 스스로 무언가를 만드시는 것을 좋아한다고 하셨다.

지금도 아빠가 어렸을 때 만든 나무검, 보물상자같은 소지품을 많이 간직하고 있다.

하지만 아빠가 고등학교를 다니는 시기에 할아버지가 중풍에 걸리셨다.

한 가정의 기둥이 무너짐으로써 온 가정이 폭풍 속으로 휩싸였다고 하셨다.

할아버지가 목수 일을 못하므로 집안 형편이 점점 어려워지는데 병을 치료하기 위해 아빠와 큰아버지는 할아버지를 데리고 길림성에 있는 모든 병원을 다 돌아보셨다고 했다.

하지만 안타까운 것은 약이란 약은 다 먹어도 할아버지의 병은 좋아지기는커녕 점점 더 심각해지셨다.

아빠는 할 수 없이 학교를 중도 포기하고 직업을 찾기 시작했다.

집에 얼마 남지 않은 돈으로 자동차 면허증을 취득하셨다. 그 후로 아빠는 왕청현에 있는 운수회사에서 버스기사로 일하셨다.

큰아버지는 할아버지의 목수일을 물려받아 조금씩이나마 집안에 돈을 보탰다.

그렇게 아빠와 큰아버지는 가족을 먹여 살리기 위해서 열심히 일에만 집중하게 되셨다.

아빠가 회사에 취직한 몇 년 후에 지인소개로 엄마하고 만나게 된다.

아빠와 엄마는 서로 한 눈에 반했다고 하셨을 때 어지 닭살이 돋든지 지금도 생각이 난다.

그렇게 둘은 결혼을 하고 95년 12월에 내가 태어나게 된다.

중국정책으로 인해 엄마와 아빠는 나의 동생을 허용해주지 못했다. 그래서 나는 외아들로 21년간 엄마 아빠 사랑을 독차지하면서 성장해왔다.

가끔 아빠와 얘기를 나눌 때 아빠는 어릴 적 기억이 가물가물 하다고 하신다.

그리고 흰머리가 점점 많아지는 아빠를 보면 가슴이 뭉클할 때가 많아진다.

이런 계기로 아빠의 삶을 들여다 볼 수 있어서 정말 행복했다.

만약 내가 그 시절 그때의 아빠가 된다면 그렇게 일을 할 수 있을까? 나는 자신이 없다.

나중에 이 글을 읽게 될 아빠에게 말해주고 싶다.

"아빠 참 대단해! 대단한 사람의 아들로 태어난 나는 정말 축복받은 사람인 것 같아... 아빠 아들로 태어나게 해줘서 고맙고 감사합니다"라고...

아버지와 감정의 구덩이

김해인(IT융합)

햇빛이 드는 주말 아침에 나는 눈을 떴다. 침대 위에서 잠시 뒹굴 거릴 시간도 주지 않고 낮게 깔린 목소리가 내 귀에 박힌다. "아직도 안 일어났니?" 내 머릿속에 너무나도 엄하게 자리 잡혀 있는 아버지의 목소리이다. "하아" 아버지의 물음에 대답 대신 내뱉는 짧은 한숨. 최근의 아버지와 나의 관계를 단적으로 보여주는 모습이다.

아버지는 성장기를 매우 어렵게 보내셨다. 포항에서 태어난 아버지는 할아버지의 사업을 따라 어릴 때 서울로 올라와야만 했다. 서울에 올라와서 생활하던 중 증조할머니께서 위독하시다는 소식이 할아버지께 전해졌다. 아버지는 할아버지를 따라 포항으로 내려가게 된다. 이곳에서 첫 번째 불행한 일을 겪게 된다. 당시 일곱 살이었던 아버지는 한쪽 다리가 불편해질 정도로 큰 사고를 당한다. 어린 나이에는 견디기 힘들었을 정도로 큰 수술을 받아야 했다. 큰 수술까지 했음에도 불구하고 이때부터 현재까지 다리가 불편하게 된다. 이 사건으로 아버지는 매우 내성적인 아이로 유년생활을 보내게 된다. 여기에 설상가상으로 아버지의 성장기를 힘들게 만든 두 번째 불행이 찾아오게 된다.

초등학교 시절. 어느 날 아버지가 학교를 갔다 돌아와 집으로 들어서려 할 때였다. 대문이 열려있고 안에서는 가족들의 울음소리가 들려오고 있었다. 할아버지께서 돌아가신 것이다. 사업으로 인해 파주에 가시던 중 교통사고를 당하신 것이다. 이로 인해 어느 정도 평범하게 유지되고 있던 가족의 한 기둥 또한 무너지게 된 것이다. 주변 환경 때문에 더더욱 위축될 수밖에 없던 아버지였다. 초등학교, 중학교를 조용하고 내성적인 아이로 생활하면서 문득 아버지는 이런 생각을 하게 된다. '아, 누가 나를 봐주는 것도 아닌데 다른 사람 시선은 신경 쓸 필요 없는 것 아닐까?', '다른 사람은 내게 관심이 없는 것 아닐까?' 이런 생각을 하게 된 아버지는 더 이상 소심하고 내성적인 아이가 아니었다. 인생의 중요한 터닝 포인트를 만나게 된 것이다. 또한 어려운 유년시절을 극복하게 된 이 생각이 지금의 아버지를 만들게 되었다.

생각을 바꾼 아버지는 더 이상 사람들에게 다가가는 것을 두고 방황하지 않았다. 자신과 만나는 사람들 중 자신을 오래 지켜봐주는 사람은 몇 명 없다는 생각을 가지고 말이다. 이렇게 앞으로 나아가던 아버지는 또 하나의 힘든 벽을 만나게 된다. 바로 대학 진학이었다. 아버지의 첫 번째 대학 진학은 실패로 끝이 나고 아버지는 원하는 대학에 가기 위해서 재수를 하게 된다. 아버지가 결코 성적이 안 좋아서 떨어진 것이 아니라는 주변 사람들의 이야기를 들어보면 어릴 때부터 아버지가 얼마나 의지와 신념이 강한 사람이었는지 알 수 있다. 이것 또한 현재의 아버지 성격에 그대로 반영되어 나타난다. 아버지는 재수를 위해 서울에서 학원을 다녀야만했다. 하지만 가정형편이 어려워 가족은 의정부로 이사를 가게 되고 아버지는 먼 길을 다니며 공부를 했다. 이런 험난한 수험 생활을 견뎌내고 아버지는 약대에 합격하게 된다. 이후 어머니를 만나 가정을 이루게 된다.

어려웠던 아버지의 성장기는 고스란히 아버지의 성격 형성에 관여를 하게 된다. 어린 시절 '아무도 나에게 관심을 가지지 않는다.'는 생각을 가졌던 아버지는 처음에는 그것이 아버지가 앞으로 나아가는 힘을 주었지만 가족을 이루고 점점 다른 사람들과 밀착된 삶을 사는 시간이 길어지면 길어질수록 아버지의 성격은 가족들에게 모난 돌처럼 여겨지게 되었다. 가정을 이루고 자녀를 두게 된 아버지는 마음의 준비가 되지 않은 상태였다고 한다. 가족이 된 어머니를 어떻게 대해야 할지, 태어난 자식들을 어떻게 대해야 할지 잘 몰랐다고 한다. 어떻게 생각하면 당연한 이야기였을 수 있다. 할아버지는 아버지가 초등학생일 때 돌아가셨다. 아버지가 자식들을 어떻게 대하는 것인지 눈으로 보고 몸소 그 마음을 느꼈어야할 시기를 겪지 못했기 때문이다. 지금 생각해보면 할아버지가 돌아가셨던 때와 비슷한 나이 때 까지는 아버지와 크게 충돌한 적이 없었다. 하지만 그 이후부터는 어떤 일을 하든 빈번하게 아버지와 충돌하게 되었다. 이러한 부분도 아버지가 할아버지로부터 보고 느끼고 이러한 것을 마음에 간직할 수 있는 시기가 적었기 때문이라고 생각한다.

이렇듯 아버지는 자식들이 자라면 자랄수록 점점 더 교감하기 힘들어져 갔다. 중학교 1학년, 2학년, 3학년을 거쳐 조금씩 성숙해질수록 나는 아버지의 생각을 이해하기 힘들었고 조금씩 대들기 시작했다. 이전까지의 아버지는 항상 자신이 해오던 것을 그대로 내가 실천하길 바라셨다. 아침에 일어나는 것부터 사소한 것 하나하나까지 자식을 가르친다기보다는 오히려 자신의 분신을 만든다는 느낌이 들 정도였다. 하지만 내가 점점 주변을 둘러보는 시야가 넓어지고 다른 가정의 아이들이 부모님과 어떻게 지내는지 알수록 아버지의 행동은 내 눈에 너무나 독선적으로 비추어졌다. 이렇게 점점 더 충돌이 잦아져 가는 때에 나는 기숙사가 있는 고등학교에 진학하게 되어 3년간 대부분의 시간을 집을 떠나 지내게 되고 재수 생활 또한 아버지의 권유로 기숙학원에 들어가게 된다. 이후 대학에 들어가게 되어 한동안 집에 머무르게 되지만 한학기만에 군 입대를 하게 되어 또 다시 집에 있는 시간이 적어지게 된다. 이렇게 근 5년 이상을 집과 멀어져 있게 된 나는 아버지와 감정의 골이 더더욱 깊어지게 된다. 내가 집으로 돌아왔을 때 아버지는 더더욱 독선적으로 변해 있었고 이제는 동생까지도 아버지에 대해서 반감이 생기기 시작한 상태였다. 어린 시절 화목하고 즐거웠던 우리 가족이 서로 따로따로 떨어져 이해하지 못하는 모래알과 같은 상태가 된 것이다.

아버지의 어린 시절에서 기인한 어려움이 이렇게 오늘날까지 우리 가족에게 어려움을 주고 있었다. 이 정도의 힘을 가진 불행한 일들을 겪은 아버지의 기분을 지금의 내가 온전히 알 수는 없다. 하지만 더 이상 우리 가족이 흩어지게 둘 수는 없었다. 아버지와 나, 그리고 가족들은 대화를 시작했다. 하지만 쉽지 않았다. 아버지와 나는 이미 물과 기름과 같은 상태였기 때문이다. 항상 대화는 천장을 뚫을 듯한 고성으로 시작되었다. 아버지가 살아온 환경, 가정이 가부장적이어야 한다는 무의식 속의 생각은 대등한 위치에서 대화하려는 나의 행동을 용납하지 못했고, 아버지의 어려운 유년시절을 알지 못하고 표면의 독선만을 피부로 느껴왔던 나는 이러한 아버지에게 조금도 동의하지 못했기 때문이다. 하지만 이러한 차이는 시간이 지나면 지날수록 점점 메꾸어지고 있다고 생각한다. 서로 이해하지 못했던 수많은 충돌 속에서 아버지와 나는 조금씩 서로를 이해하고 한 발짝씩 뒤로 물러서서 서로를 보기 시작했다. 상대방의 말을 좀 더 들어주고 상대방을 좀 더 이해해 주면서 흩어졌던 모래알들은 서로의 이해를 바탕으로 끈끈하게 들러붙기 시작했다. 아직도 조금씩 뭉치기 시작한 덩어리 속의 딱딱한 알갱이들이 부딪히며 소리를 내고 있지만 확실하게 모여들고 있다는 생각이 든다.

아직 아버지가 과거에 겪은 불행하고 험난한 유년시절은 아직 끝나지 않았다. 그 시절에 뛰어 넘었다고 생각했던 불행들은 보이지 않는 싱크 홀처럼 발밑에서 점점 더 커져 자식과 가족 간의 불화, 독선으로 나타나 아버지를 지하 깊은 곳으로 끌어내리려 하고 있다. 하지만 아직 아버지는 떨어지지 않았다. 무시하고 건너온 구덩이들이 많지만 이를 메꾸기 시작했다. 모른 척 지나왔던 가족들과의 깊은 감정의 골을, 구덩이들을 모두 메꾸려면 많은 시간이 필요할 것이다. 하지만 그 구덩이를 다 메꾸었을 때 아버지는 어린 시절의 그 고난들을 완전히 극복하게 될 것이다. 그리고 나는 가장 가까운 곳에서 아버지를 지켜보며 좀 더 충돌하고 좀 더 대화하면서 아버지의 구덩이를 같이 메꾸어 나가려 한다.

십구문반(十九文半) 구두

나성일(전기공학부)

이름은 나웅수. 그의 부친의 성함은 나종순. 모친의 성함은 서희순. 그는 나의 아버지이시다. 그는 1959년 6월 14일(음력), 7남매 중 둘째로 전라남도 장성에서 출생하였다. 출생 시 부친은 장성 경찰서 형사로 근무하고 계셨다. 경찰서 형사라고 하면 유복한 생활을 했으리라 생각되지만 그의 생활은 순탄치 않았다. 그는 여느 아이들과 같이 유아기를 지나 8살이 되던 해 장성 중앙 초등학교에 입학하게 된다. 그러나 3학년이 되던 해, 부친이 이름 모를 병에 걸리셨다. 부친의 병을 치료하기 위해 알아보지 않은 병원이 없었으나 부친의 병은 지속되었다. 그러자, 갖고 있는 돈은 전부 치료비로 들어가게 되고 급속도로 집안 형편은 나빠지게 되었다. 장성에 거주하며 친척들이나 이웃의 도움을 받고 자랐으나, 계속된 생활고로 인해 부친의 가족은 친척들이 많이 거주하는 전라남도 순천으로 이사를 가게 되었다. 가족 수는 9명인데 어려운 살림으로 인해 방 한 칸짜리 전셋집을 얻어 살았다. 어려운 가정 형편 탓에 모친은 날마다 새벽이면 물건 팔러 시장에 나가시고 자녀수는 워낙 많은 탓에 그는 부모님의 사랑을 느낄 틈도 없었다. 또한 추운 겨울 늦은 밤, 부친의 병을 치료하기 위한 약봉지를 구하러 건넛산 한의원에 다녀왔던 일은 아직도 기억에 생생하다고 한다. 어려웠던 초등학교 시절을 뒤로 하고, 순천의 삼산 중학교를 졸업한다. 그는 졸업 후 하루빨리 돈을 벌기 위해 공업 고등학교에 진학하게 된다. 고등학교에 입학할 시기까지도 부친의 병은 호전되었지만 완치되지 않았고, 그는 동생들을 보살피고 집안에 도움이 되고자 새벽 4시 신문 배달을 시작으로 돈을 벌기 위해 학업과 각종 일을 병행하였다. 대학은 갈 형편이 아니었으나 학교성적이 우수하여 당시 돈 없고 머리 좋은 애들이 간다는 서울의 경기공전으로 진학을 하여 더 배워야 출세할 수 있다는 생각으로 입학을 하게 된다. 1학년 때 학비 등의 형편으로 군대를 가서 3년의 군 생활을 마치고 복학하여 2년의 과정 끝에 대학을 졸업하였다. 1983년 봄, 지도교수님의 소개로 경기도의 중소업체에 설계하는 회사에 취직을 하였으나 생활에 만족하지 못하고 일년이 되지 않아 대우중공업으로 회사를 옮겨 3년을 생산관리직으로 근무하고, 원래 전공인 기계설계를 하는 것이 좋겠다는 판단으로 삼성 중공업 산업기계 설계팀으로 회사를 옮겨 근무를 하게 되었다. 포항제철을 비롯한 많은 지역의 대형 산업기계(크레인)을 설계하고, 1992년부터는 싱가폴 항만을 비롯한 해외의 항만에도 많은 설비를 설계하고 납품하면서 국내외에 전문 엔지니어로서의 명성을 쌓았으며, 1996년 산업 기계 기술사를 취득하여 산업 기계 분야의 기술자로 인정을 받게 되었다. 1989년 31살 되던 해에 가까운 친척의 소개로 지금의 아내를 만나 결혼을 하여 경상도 창원에서 신혼 생활을 시작으로 결혼 다음 해에 큰 딸을 낳고 이 후 둘째 딸과 막내아들까지 1남2녀를 두게 된다. 과거 10여 년 동안 중국 관련 공사도 수행하였고 중국 관련 전문 서적을 이해하기 위하여 방송대에 진학하여 중어중문학과도 졸업하여 현재는 중의학에 관심이 많아 은퇴 후에는 의료 봉사를 하기 위해 전문 지식을 배우고 있다.

앞서 언급한 아버지의 힘들었던 지난 57년의 세월은 나와는 동떨어진 이야기 같았다. 나는 남부럽지 않게 유복하게 자랐고, 부모님의 사랑 또한 듬뿍 받았다. 그렇게 커가며 손에 더러운 물 한번 묻히질 않았고, 항상 부모님이 주시는 사랑을 부족함 없이 느끼며 자라왔던 것 같다.

내가 기억하는 우리 아버지는 항상 엄하셨다. 자신의 기준에서 벗어날 때면 온 집안이 흔들리도록 고함을 치셨고 집안 문제를 항상 어머니 탓으로 돌리는 그런 아버지가 어린 마음에 미웠다. 사춘기 시절, 억압적인 분위기가 마음에 안 들어 때론 어머니, 아버지께 되려 호통도 치고 비뚤어져도 보았다. 시간이 흘러 마냥 어리기만 했던 시절을 뒤로하고 보니 아버지가 얼마나 우리 가족을 위해 헌신하시는지 알 수 있었다. 매일 새벽 6시면 술 드신 다음 날이라도 피곤하다는 기색 없이 출근하셨고, 퇴근하신 후에도 날마다 산책을 하시거나 운동을 하시며 자기 건강에 투자하셨다. 오히려 나의 어릴 적 아버지는 나쁜 역할을 자처하신 것일지도 모르겠다.

문득 평전을 쓰며, '대한민국 아버지'들은 다 그런 것 같았다. 오늘 아들이 초등학교 미술시간에 뭘 그렸는지, 음악회 땐 어떤 노래를 친구들과 같이 불렀는지, 운동회 땐 딸의 반이 우승을 했다든지 등 어머니만큼 집안 사정에 세세하게 신경 쓰진 않아도, 겉으로 자식들에게 힘든 것 티 내지 않고 얼마나 가족을 위하시는지를!

아버지는 항상 내가 "아버지, 사랑해요!"라고 말해도 항상 돌아오는 대답은 사랑한다는 짧은 말 대신 "아들, 고맙다!"하셨다. 그렇지만 어머니께 내가 학교에서 좋은 성적을 받아 왔을 때, 학교 체육 대회에서 우승했을 때, 대학에 합격했을 때 등 조금이라도 자랑거리가 생길 때마다 주위 사람들에게 자랑하셨다는 것을 듣고는 겉으로 드러내지 않으셔도 나를 무척 사랑하고 계심을 느낄 수 있었다. 어쩌면 이 평전의 제목을 박목월 시인의 시, '가정'에서 나오는 '십구문반의 구두'로 정한 것도 그런 이유 때문인 것 같다. 1문은 2.4cm인데 구두가 십구문반이라는 것은 46cm이상 되는 큰 구두를 의미한다. 실제론 말이 안 되지만 시에서 이 '십구문반'의 의미는 겉으로 드러나지 않는 아버지의 막중한 책임감을 뜻한다. 그런 막중한 책임감을 견뎌 25년 이상 가정을 이끌어 오신 것에 대해 무한한 감사함을 느낄 수 있었다. 어릴 적 기억의 아버지는 등판도 넓었고 손도 아주 크셨는데, 내가 아버지보다 커가면서 점점 작아지는 아버지를 보며 이제는 내가 보답해야 할 때가 아닌가라고 느낄 때가 많았다. 아버지가 어린 시절 끼니도 제대로 못 챙겨먹고 부모님에 대한 사랑도 충분히 받지 못하고 자란 경험 때문에 나, 그리고 우리 누나들에겐 다른 그 어떤 아버지들보다 부족함 없이 우리들을 키워 오신 만큼 이젠 내가 아버지에게 갚아 드리리라 생각하게 된 평전이 아니었나 싶다.

아버지의 세 번째 계절

류현지(의생명시스템학부)

우리 아버지는 1969년 11월 18일, 전남 영암의 작은 시골마을에서 3남 3녀 중 다섯째로 태어나셨다. 버들 류, 클 태, 웅장할 웅 자를 써서 '류 태 웅' 이라고 이름 지어지신 아버지는, 버드나무처럼 부드럽지만 크고 훌륭한 사람이 되라는 조부모님의 바람이 담겨 있었다. 작은 영암 고향에서 고등학교를 졸업하신 아버지는, 성실히 공부한 결과 광주에 있는 조선대학교에 입학하게 되셨다.

어려서부터 군인 장교가 되고 싶다는 꿈을 가슴속에 지녀 오셨던 아버지는, 대학 1학년 때 ROTC에 지원하여 합격하셨다. 이후 대학 공부와 군사학 공부를 병행하셔 92년 대학 졸업과 동시에 육군 소위에 임관하셨다. 두 가지 공부를 병행하는 것이 쉽지는 않으셨지만, 어릴 적부터 키워온 꿈이었기에 그 어느 것도 소홀히 하지 않으셨다고 한다. 그 노력을 입증하듯, 아버지께서는 임관할 당시 성적우수자로 상장을 받으셨다.

초등학교 동창이었던 어머니와 아버지는 성인이 되어 기차표가 인연이 되어 다시 만나게 되었고, 그 인연이 발전하여 아버지가 대학을 졸업한 후 92년 3월에 결혼식을 올리셨다.

그렇게 소위에 임관한 후 군 생활이 시작되었다. 중·소위 때는 부산지역에서 근무하셨고, 대위와 소령 때는 특전사에서 중대장과 참모, 훈육관 지역대장 보직을 수행한 후 전방 보병부대에서 근무하셨다. 쉬이 자리를 비우지 못하는 탓에 나와 언니가 태어날 때는 어머니 곁에 있지 못하셨다고 한다. 언니가 태어날 때는 소식을 듣고 달려가 그 날 밤 얼굴을 볼 수 있었지만, 나는 훈련 중에 태어나 3일 후에야 얼굴을 볼 수 있으셨다.

나와 언니가 자라나면서, 언니가 초등학교 때까지는 아버지가 발령이 나는 곳으로 모든 가족이 이사를 다녔지만, 언니가 중학생이 되자 이사는 쉬운 문제가 아니었다. 언니가 초등학생 때는 1년에 한 번 꼴로 이사를 다녔지만, 중, 고등학생 때까지도 그렇게 다니기엔 언니의 학업에 문제가 생긴다는 판단을 하셨던 것이다. 그래서 아버지를 제외한 우리 가족은 대전에 있고, 아버지만 계속 부대를 옮겨 다니며 몇 주 또는 몇 달에 한번 집에 다녀가셨다.

그렇게 아버지는 내가 살아온 일생만큼 군에 몸담으셨다. 아버지 일생의 절반 정도가 되는 기간이었다. 그렇게 오로지 군인의 길만을 생각하셨던 아버지께 전역이라는 인생의 큰 전환점이 찾아왔다. 25년은 학생으로서, 20년은 군인으로서 살아오신 아버지께 그것은 거대한 장벽과 같았다.

아버지를 곁에서 지켜봐 온 나로서는, 아버지가 얼마나 열심히 하셨는지 잘 안다. 아버지는 육군 소위로 임관하는 날, '이 한 몸, 내 평생 조국을 위해 바치리라'는 각오로 군 생활을 시작하여 주어진 임무에 최선을 다하여 완수해 내고, 상급자로부터 인정받고 하급자로부터 존경받으며 어느 사람에게도 뒤지지 않도록 열심히 하셨다.

하지만 상위 계급으로의 진급은 아버지의 의지와 노력만으로 되지 않았다. 중령 진급을 위해 밤낮을 가리지 않고 업무에 매달렸지만 2010년 3차까지 주어진 중령 진급의 기회를 놓치고 나니, 아버지는 '내 인생은 이제 끝이구나!' 하는 막막함에 아무것도 할 수 없으셨다고 한다. 올해는 꼭 진급하겠다는 말만 믿고 그 소식을 기다리고 있을 가족들을 볼 수 없을 것 같아서, 진급 발표 후 집에 다녀오라는 시간이 주어졌음에도 '가족들의 얼굴을 어떻게 봐야하나?' 하는 생각에 터미널 주변에서 몇 시간을 배회하셨다고 한다. 다른 사람들은 뭐가 그리 즐겁고 바쁜지. 아버지는 수많은 사람 틈에서 작아지는 어깨를 힘겹게 들며 집에 들어서셨다. 어머니께서는 아버지를 안아주고 그동안 고생했다며 등을 토닥여 주셨고, 그에 아버지는 눈물을 흘리셨다. 두 딸에게 눈물을 보일 수 없다고 생각이 들어 화장실에 들어가 세수하는 척 마음을 가다듬고 나오셨는데, 거실 상에는 어머니와 언니 그리고 내가 준비한 케이크가 준비되어 있었다고 한다. 아버지가 케이크의 불을 끄시고, 우리는 "이제 우리 가족들이 서로 떨어져 살지 않게 되었으니 얼마나 좋은 일이냐"는 위로 아닌 축하를 하였다. 당시 전역까지는 3년이라는 기간이 남아 있었지만, '나는 사랑하는 가족들을 먹여 살려야 하는 가장이다.' 하는 생각에, 내일이 전역인 것 같은 압박감이 아버지를 무겁게 짓눌렀다고 한다.

아버지는 인생의 새로운 방향으로 나아가기 위해 먼저 군 관련 학과의 박사 학위를 취득하기로 다짐하시고, 2012년 전반기부터 조선대학교 국방정책학과 석사과정에 입학하여 공부를 시작하셨다. 대학원 공부를 시작하면서 가장 큰 문제는 '돈' 이었다. 대학생인 딸과 대학원생인 아버지, 그리고 고등학교 입시 준비를 하던 나. 세 명의 학비를 조달하기는 쉬운 일이 아니었다. 다행히 언니의 등록금은 성적 장학금과 국가 장학금으로 해결하였지만, 아버지의 등록금이 문제였다. 조선대학교가 학·군 협약을 맺은 대학이라 등록금 절반을 감면 받았음에도 200만원이라는 큰돈이 남아있었기 때문이다. 거기에다 중학생인 나의 교육비까지 감당하기에는 힘에 겨우셨을 것이다. 그리해서 한 대 있던 승용차를 팔고 자전거를 한 대 구매하여 지출을 최소화하셨다. 어머니는 이런 어려움 속에도 묵묵히 아버지를 믿고 격려해주셨고, 아버지는 지금까지도 그 일에 큰 고마움을 느끼고 계신다.

아버지는 혹시나 전역 후 취업이 안 될 경우를 대비해 자격증도 취득하기로 하셨고, 군대에서 시험을 치르면 응시료가 더 저렴한 자격증 중 아버지가 취득하실 수 있을 만 한 자격증인 '한식조리사'를 공부하셨다. 필기시험에는 합격했지만, 집에서 라면도 제대로 끓여보시지 않으셨던 아버지께 요리란 하늘의 별 따기와 같았다고 한다. 퇴근 후 어머니께도 열심히 배우고, 부대에서 시행하는 집체교육에도 참가하셨으나 실기 시험 때 너무도 긴장해 면발을 불에 태워버리는 실수를 하셨고, 결국 불합격의 고배를 마시게 되셨다. 하지만 광주 택시 운전 자격증, 자동차 대형운전면허에 도전하여 합격하셨다.

이렇듯 아버지는 상무대에서 교관임무를 수행하면서도 새로운 인생을 준비하기 위해 학위 취득과 자격증 공부를 병행하시면서, 동시에 국방부와 육군의 취업지원센터, 국가보훈처 제대군인지원센터, 국방일보의 채용정보를 지속해서 확인하셨다. 매일 아침 자전거를 타고 가장 먼저 출근하여 사무실 책상에 앉아 국방일보를 보는 것으로 하루 일과를 시작하셨다. 그러던 어느 날, 2011년 12월, 국방일보 채용정보란에 아버지의 모교에서 학군단 예비역 교관(2014년부터 군사학 교수로 명칭 변경) 1명을 선발한다는 공고를 보셨다. 처음에는 아버지의 모교에서 채용공고가 나왔다는 호기심에 공고를 보셨지만 '한번 도전해 볼까' 하는 생각이 들었다고 한다. '남은 군 생활 교관으로서 야전부대보다 편하게 생활하다 전역하지 왜 일찍 나가려고 하느냐'는 주변사람의 만류도 있었지만, 20년간 군에서 생활하신 아버지는 군 관련 업종이 아버지의 새로운 인생의 방향과도 맞고, 새로운 직장을 찾아 가족을 이끌어야 하는 아버지의 입장과도 맞아 떨어져 지원서를 제출하셨다. 1차는 자력으로 8명, 2차는 육군본부 면접으로 2명, 3차는 대학면접으로 1명을 선발하는 과정으로 진행되었다. 1차와 2차에서 합격하신 아버지는 대학면접을 철저히 준비하시기 위해 기존 군사학 교수에 선발되어 근무 중인 선배들께 면접 준비사항, 답변 요령 등을 배우고, 인터넷을 통해 대학에 관해 공부하고, 입사 면접에 관련된 책을 구매하여 공부하는 등 갖은 노력을 기울이셨다. 그렇게 면접을 진행하시고 마지막에 아버지께서는 '조선대학교가 1988년에 저를 선택해 주어서 대학공부를 할 수 있었으며, ROTC에 선발되어 지난 20년 동안 국가를 위해 일하였습니다. 오늘 조선대학교가 저를 한 번 더 선택해 주신다면 20년 동안 군에서 배운 경험을 통해 모교에서 후배 장교들을 양성하는 것으로 보답하고 싶습니다.' 라고 말씀하셨다.

면접 결과는 합격이었다. 아버지는 그렇게 군사학 교수에 선발되어 2012년 2월 29일 군인으로서 마지막 군복을 입고 전역신고를 하셨고, 다음날인 3월 1일부터는 민간인으로서 사복을 입고 학군단으로 출근을 하셨다.

20년의 군 생활 기간에 전·후방 각급 부대에서 다양한 직책을 수행하면서 국방부장관 표창을 비롯하여 총 36회의 표창을 수상하고 일과 후 자기개발을 위한 노력을 통해 태권도 3단을 포함한 21개의 자격증을 취득하는 등 정말 열심히 하고도, 군 특성상 전역해야 한다는 아쉬움은 있었지만, 군문을 떠나 제2의 인생을 모교에서 후배들과 함께 시작할 수 있다는 고마움에 그 아쉬움을 떨쳐버리셨다.

또한 중령 진급에 대한 아쉬움을 달래려 2012년 예비역 간부 진급에 도전하여 예비역 중령으로 진급하는 영예도 안게 되셨다.

그렇게 '군인'에서 '군사학 교수'로 새로운 인생을 살게 되신 아버지는 학기 중에는 군사학 수업과 훈육을, 방학 기간에는 군복을 입고 사격, 수류탄, 화생방, 행군 등의 과목을 훈련시키시게 되었다. 여름에는 불볕더위를, 겨울에는 동장군을 상대로 싸우시며 훈련을 시키시느라 힘든 점도 많다지만 군대 전문가로서 군에서 배우고 익힌 전문지식을 후배 장교들에게 전수하여 멋진 장교를 양성한다는 자부심으로 최선을 다하여 매사에 임하신다. 그 결과 2012년과 2014년 입영 훈련간 아버지가 속한 훈련대대가 우수대대로 선정되고, 아버지는 우수교관으로 육군학생군사학교장 표창을 수상하였으며, 2013년과 2015년에는 대학총장 표창도 받으셨다. 그리고 가장 뿌듯하다고 하셨던 것은, 아버지의 학군단이 2012년과 2013년에 전국 115개 학군단 중 우수 학군단, 2014년에는 종합우수 학군단에 선정된 것이라고 하셨다. 그리고 2013년부터 2015년까지 후배장교 3개 기수 총 263명을 장교로 임관시켰는데, 임관자 중 성적이 우수하여 2013년에 국방부 장관상과 2014년에 육군참모총장상 수상자를 배출하기도 하셨다. 아버지가 교육하고 훈육한 장교들이 대한민국 육군을 이끌어가고 있다는 생각을 할 때마다 가슴 벅찬 뿌듯함을 느낀다고 하셨다.

또한, 아버지의 인생 전공인 군대 20년의 경험을 이용해 국가에 이바지하기 위해 2014년 2월 국방학 석사 취득 후 9월부터 군사학 박사과정에 입학하여 공부하고 계신다.

아버지는 이야기를 끝내시기 전, 마지막으로 이렇게 말씀하셨다.

"나는 지금 군인이 아니지만, 여전히 군인이기도 하다. 신분은 민간인이지만 대한민국의 육군을 이끌어 갈 장교 후보생들을 양성하면서 모범을 보이기 위해 마음은 군인 정신으로 무장하고, 외모는 짧은 머리에 군복을 입고, 전투화의 끈을 동여매며 하루를 시작한단다."

아버지는 날마다 새로운 출발을 하며 오늘도 스스로에게 충실한 하루가 되자고 다짐하며 매일을 열심히 살아가신다. '국가와 국민을 위해 이 한 몸 바치고 모두가 부러워하는 장군이 되겠다' 는 푸른 꿈을 품고 군 생활을 시작해 보낸 당신의 청춘을 크게 자랑스러워하신다.

바쁘시고, 힘든 나날에도 포기하지 않고 끝없이 자신을 발전시켜 온 아버지. 학생과 군인이라는 두 번의 계절을 보내시고 이제 세 번째 계절을 지내고 계신다. 한두 달에 한번 집에 갈 때마다 책과 노트북을 앞에 펼치고 공부를 하고 있는 아버지를 보고 있노라면 부끄러움과 함께 더 열심히 해야겠다는 다짐이 내게 돌아온다.

아버지의 정의(定義)

심소희(건축학과)

조용한 어둠 속, 현관문이 열리는 소리가 들린다. 아, 오늘 토요일이구나. 새벽 공기가 점점 차가워진다. 현관 앞에 나가 맞이하는 아버지의 곁에는 아직도 바깥 공기가 맴도는 것 같다. 그 속 아버지의 어깨가 저번 주보다 한층 내려앉았다. 아버지는 주말에만 가족들의 품으로 돌아오신다. 평일에는 회사 근처 원룸에서 생활하시곤 한다. 내가 어렸을 때부터 아버지는 3년에 한 번씩 회사에서 발령 받은 곳으로 지역을 옮겨 다니시며 일을 하셨다. 나의 어린 시절 속 아버지는 항상 바쁜 아버지였다. 하지만 그런 아버지와의 추억은 손에 꼽을 수 없을 만큼 많았다. 그리고 추억 속을 늘 따라다니던 한결같은 아버지의 향기. 뭐라고 설명할 수는 없지만 아버지라서 나는 그런 향기. 나는 이 익숙한 향기를 사랑한다. 어렸을 때 기억으로는 아버지의 향기를 따라 가만히 품에 안겨 있노라면 당신이 입을 떼진 않았지만 여러 생각들이 전해져 왔다. 실타래처럼 묶여있는 생각들. 당신만큼은 아니지만, 나는 이 모든 것들을 짐작하고 느낄 수 있었다.

1962년 음력 2월 8일, 경기도 화성시, 나의 아버지는 2남 1녀 중 장남으로 태어났다. 개발이 한창인 서울과 달리 그 때의 화성은 삭막한 바람만이 느껴졌다. 어린 아버지는 교회에서 운영하는 유치원을 다니며 하루하루를 보냈다. 초등학생이 된 아버지의 운동화는 매일매일 빨아도 얼룩이 질 정도로 까맣게 변했다. 학교를 가기 위해서는 비포장 거리에서 왕복 3시간 정도를 흙먼지를 맞아가며 걸어야 했다. 아버지가 4학년이 된 어느 날, 할아버지와 할머니는 일자리를 위해 초등학생인 아버지를 막내고모 집에 맡기시고 동생들과 함께 서울로 올라오셨다. 그 곳에서 할아버지는 농수산물을 미군부대에 납품하는 사업을 하기 시작하셨다. 그로부터 1년 뒤 아버지는 드디어 가족들의 손을 잡을 수 있었다.

하지만 그 당시 서울에서 아이를 셋이나 둔 가족을 바라보는 전셋집의 주인들의 시선은 곱지 못했다. 서울에 온 후에도 이사를 많이 다니며 혼잡한 도심 속 미로에서 헤맸다. 아버지의 가족이 간신히 자리 잡게 된 곳은 지금의 상계동이다. 가족밖에 없는 혼잡한 서울 속, 아버지는 지금은 없어진 제동초등학교라는 곳을 다녔다. 그 당시 학교는 등록금을 내지 못할 때 곧바로 집에 돌려보낼 정도로 엄격했다. 등록금을 내지 못하는 경우가 허다했지만 학교라는 곳을 가기 위해 아버지는 3시간이나 되는 시간 동안 버스를 타야했다. 어린 아버지는 어른들 틈에 껴 항상 만석인 버스를 타기 위해 매일 전쟁을 치르고는 했다. 여기저기 자신을 밀어내는 어른들의 손길을 막아내기엔 그 당시 아버지는 너무 여렸다. 하루는 버스의 난간을 잡은 어린 손을 밀쳐내 아버지는 흙바닥에 나뒹굴었다. 어린 시선으로 올려다 본 어른들은 차가운 시선을 가지고 있었고, 아무도 어린 아이의 손을 잡아주지 않았다. 버스를 타지 못했을 때는 학교에 늦는 한

이 있더라도 꿋꿋이 걸어서 갔던 아버지였는데, 그날은 그 시린 시선들이 잊혀지지 않아서 앞이 뿌옇다 못해 보이지 않을 정도로 울며 집으로 돌아왔다고 한다. 이것이 아버지가 본 서울이었다. 중학생이 되어도 집안 사정은 달라질 것이 없었다. 가난의 굴레는 그렇게나 벗어나기가 힘들었고 아직까지도 의지할 곳은 가족들밖에 없었다. 아버지는 학교에서 매해 반장을 했다. 다른 학우들을 이끌고 싶어서? 선생님들의 관심을 얻고 싶어서? 그 무엇도 아니다. 옥수수 빵. 손바닥만 하고 딱딱하고 심지어 맛도 없는 이 빵 하나를 먹겠다고. 반장을 하면 주겠다고 해서, 바람 빠진 웃음이 나왔다. 나는 이 얘기를 듣고 정말 소리 내서 웃었다. 설마-. 나의 헛웃음은 세상을 얼마나 편히 살았나는 생각과 겹쳐 더욱 커졌다.

나는 학창시절 공부와는 거리가 멀었다. 못된 청개구리의 심보는 가만히 있지를 못했고, 독서실에 다니면서 했던 것이라곤 나름대로의 소소한 일탈 따위였다. 수능 당일이 될 때까지도 나는 내가 수능을 본다는 것을 믿지 못했고 예상대로 결과는 최악이었다. 걸어온 길의 끝이 낭떠러지라는 것을 알게 된 나는 뒤를 돌아봤다. 내가 뭘 한 걸까? 저 재수할래요. 다짜고짜 부모님께 '통보'했다. 사실 꾸중을 들을 거라고 생각했다. 하지만 예상외로 아버지의 대답은 내가 왜 재수를 하고 싶은지 10가지의 이유들을 종이에 써오라는 것이었다. 그 당시의 나로서는 그 이유를 알 수 없었다. 결국 재수라는 길을 걸어가면서 아버지의 모습을 보는 것은 더 힘들어졌다. 아버지를 뵙던 주말마저 나는 학원에서 치열하게 공부를 했다. 몸은 떨어져 있었지만, 힘든 시기에 아버지는 나의 정신적 버팀목이었다. 지금 오게 된 숭실대학교는 아버지의 모교이다. 아버지께 당신의 모교에 들어간 나를 보며 어떤 생각이 드시냐고 여쭸다. 잠시 머뭇거리시던 아버지는 내가 당신처럼 되지 않기를 바라며 마음 졸였다고 답하셨다. 내가 재수를 하겠다고 처음 말문을 텄을 때 10가지 이유들을 적어 오라고 한 것도 그 이유였다고. 아버지가 내뱉은 한숨은 아버지를 감싸고 홀연히 옛 기억으로 이끌었다.

고등학교 3학년, 같은 교복을 입고 있는 학우들 틈에 흰 종이가 덩그러니 놓여있었다. 왁자지껄한 소리는 더 이상 들리지 않았다. 현실이 눈앞에 다가와 종이에는 마치 쓴 냄새가 나는 것처럼 느껴졌다. 1,2,3. 세 가지의 숫자. 이것은 한낱 종이 한 장 이었고, 당신의 미래를 결정하는 나침반이었다. 당신은 학창시절, 나와 같이 공부와는 거리가 먼 학생이었다고 했다. 대학이라는 집단 안에 반드시 속해야 한다는 의무감이 들지 않았다. 서울은 힘들 거라 생각해, 대충 휘갈겨 쓴 종이 안에는 충청도와 제주도가 적혀 있었다. 친구들과 웃으며 장난으로 쓴 종이, 충청도 지역에서 충남대가 덜컥 합격 소식을 알렸다. 하지만 집안의 높은 반대 목소리에 결국 반 강제적인 재수라는 선택을 하게 됐다. 하지만 공부의 필요성을 느끼지 못한 당신은 일 년을 허송세월로 보내고 전문대학에 들어갔다. 아 이건 아니다. 주위를 둘러봐도 당신을 쳐다보는 시선은 위를 향하지 않았다.

결국 6개월 만에 자퇴서를 내고, 공부하던 모든 책을 불태운 아버지는 군대를 도피처 삼아 세상 속에서 숨어버렸다. 제대를 하고 나서 다시 느낀 세상은 결코 만만치 않음을 뼈저리게 알려주었다. 세상이라는 유리창 속, 당신은 혼자 인 것처럼 느꼈다. 서로를 볼 수는 있지만 도와줄 수 없는. 아무도 아버지의 외침을 듣지 않았다. 그런 사람들을 보고 당신은 다시 일어났다. 그 때 당시에는 대학을 나온 유무를 보았다. 당신은 학교를 다니지는 않을 것이나 할 수 있다는 사실을 보여주기 위해 합격증을 세상에 보여주겠노라 했다. 계절이 바뀐다는 사실도 체감하지 못할 정도로 아버지는 공부에 매달렸다. 숭실대학교에 원서를 낸 사실도 가족들에게도 이 사실을 알리지 않은 당신은 합격 소식만을 기다렸다. 12월 31일 아버지는 환하게 웃었다. 추위를 잊은 채 밖으로 나가 숨이 벅찰 때까지 뛰었다. 터질 것 같은 심장도 아버지의 웃음을 멈출 수는 없었다. 넘어진 아버지는 이를 악물고 다시 한 번 일어났다.

아버지의 왼쪽 검지에는 항상 수없이 닦은 흔적이 있는 빛바랜 호환 색 반지가 자리 잡고 있다. 아버지의 수험 번호가 적혀있는 반지는 증조할아버지가 범띠인 아버지의 대학 입학 선물로 주신 것이다. 아버지가 얼마나 그 반지를 소중히 여겼는지 한 눈에 알 수 있었다. 아마 아버지께는 달리다 지치실 때마다 이 반지를 보고 다시 마음을 가다듬으셨을 것이다. 대학교를 다니시는 내내 아버지는 장학금을 놓치신 적이 없다. 학교 내 행정 고시 반에서 공부하는 동시에 전공 또한 놓지 않으셨다. 그 결과 학교에서 추천장을 받으시고 우수한 성적으로 지금의 회사에 입사하셨다.

하얀 모니터 속 검은 글씨가 나타났다 사라졌다 반복한다. 정신없이 달린 하루. 시계를 보면 벌써 퇴근시간이다. 집으로 향하는 길. 늘 같은 버스 정류장에서 당신은 그녀를 마주쳤다. 사내에서 다른 부서지만, 같은 층이어서 많이 마주쳤던 그녀. 안녕하세요. 당신도 모르게 말문이 저절로 트였다. 깜빡 - 아버지를 바라보는 그녀의 모습에 당신은 그 순간 시간이 멈춘 듯 느꼈다. 안녕하세요. 길게 느껴진 정적 속, 환하게 웃어 보이는 그녀. 당신이 지금까지도 잊지 못한다고 한, 아직도 맡을 수 있다는 달콤하고 은은한 향기가 당신을 더

끌어당긴다. 한 발, 두 발. 조심스럽게 그녀에게 다가가는 동안 아버지는 미소에. 향기에. 그녀에 취했다. 마침내 그녀에게 다다른 시간, 7개월 그 끝에서 새로운 시작인 평생을 약속했다. 누구도 가를 수 없는 그런 약속을. 이렇게 아버지는 소중한 인연을 만들어준 지금의 회사를 사랑하신다.

아버지는 항상 보이지 않는 연기를 두르고 다니신다. 그 연기에는 수많은 모습이 보인다. 일에 머리를 싸매고 있는 아버지. 늦은 밤거리를 홀로 걷는 아버지. 가족을 위하는 아버지. 때론 쓰디쓴 말로 나를 일으켜주시는 아버지. 일에도 시간이 촉박할 당신이지만 할아버지 할머니를 꼬박꼬박 찾아뵙는 아버지. 나의 아버지. 단 몇 글자로는 아버지를 향한 나의 큰 감정을 모두 담을 수가 없다. 넘쳐흐르는 감정과, 눈물. 지금까지 당신이 가슴속 깊숙이 묻어둔 당신의 모습에 울지 않겠다고 한 나의 다짐은 무너진다. 생각만으로도 저 밑바닥부터 피어오르는 다양한 감정. 그걸 피부로 직접 느낀 아버지의 심정은 어땠을까. 환하게 웃고 있는 아버지의 미소 속에 가려졌던 진짜 당신의 모습. 생각해보면 나는 알고 있었다. 아버지가 우리 가족에게 쉼터를 주셨을 때, 당신도 잠시 바람을 쐬며 쉬고 싶다는 것을. 그런데 나는 조금이나마 더 쉬기 위해 이기적으로 내 발 끝만 바라봤다. 부족한 나는 그것이 아버지라는 존재의 의무이자 역할이라 당연시했다.

아버지란. 아버지라는 분을 한 단어로 정의하기에 생각나는 것이 없었다. 멍하니 하얀 컴퓨터의 모니터만 쳐다봤다. 아버지란 그냥 아버지인 것 같다. 내가 미래에 부모가 될 때, 나는 내 아이에게 아버지 같은 부모가 되고 싶다. 내 아이에게 헌신적이고 진정으로 위해줄 수 있는 그런 부모. 마치 지금의 당신처럼. 주말로 넘어가는 토요일 새벽. 현관문이 열리는 소리가 들린다. 아버지구나. 아버지의 어깨가 지난주보다 한층 더 가라앉았다. 현관 앞에서 아버지를 꽉 안았다. 성인이 된 후 그런 적이 없어서 아버지는 놀라신 듯 했다. 사랑해요 아빠. 이 말 한마디에 아버지는 아이처럼 밝은 미소를 보이셨다. 오랜만에 맡아본 익숙한 아버지라는 향기. 나 또한 배시시 웃음이 나왔다. 아버지, 홀로 헤쳐 나가려 하지 마시고 같이 가요, 우리 가족 이대로. 아버지, 사랑하고 존경합니다.

아버지가 만들어 오신 도금된 금수저

안동휘(산업정보시스템공학과)

요즘 부모님의 재력을 수저에 빗대서 많이 표현하고는 한다. 돈을 잘 벌수록 금수저에 가까워지고 돈을 버는 액수가 적을수록 동수저 혹은 더 나아가서 흙수저라고 한다.

내 친구들은 이런 비유를 이용해서 우리 집을 금수저라고 말한다. 틀린 말은 아니었다.

인터넷에 올라오는 수저 판정법의 금수저가 아닐지라도 내가 자라오는 동안 부모님이 내가 바라는 건 나에게 못해주신 것이 없었고 내가 부족하다고 느낀 건 하나도 없었기 때문이다.

하지만 아버지가 우리에게 주신 건 금수저가 아닌 도금된 금수저라는 것을 나는 잘 알고 있다. 아버지가 어떻게 살아오셨는지 알고 있기 때문이다.

아버지는 중학생 1학년 때 아버지의 아버지인 할아버지가 돌아가셨다. 중학생 1학년이라고 하면 잘 감이 안 올 수도 있지만 고작 14살이라는 10대의 반이 지나가기도 전에 아버지는 할머니 한 분만을 의지하며 살기 시작한 것이다. 할머니 혼자 아버지와 아버지의 형인 큰아버지를 풍족하게 기르기에는 턱없이 부족했기에 아버지는 중학교를 다니면서 기성회비를 내지 못하여서 담임선생님에게 불려가는 것이 일상이었고 도시락은 물론 없었다. 게다가 할머니 역시 할아버지가 돌아가신 2년 뒤에 돌아가셨다. 그 때 아버지의 나이는 16살 중학교를 졸업할 나이였다. 아버지는 중학교에서 매우 우등생이셨지만 고등학교에 진학할 돈이 없어서 돈을 벌기 위해서 공업고등학교에 진학하셨다. 심지어 공업고등학교에 내야할 학비도 없었기 때문에 아버지는 매일 새벽마다 신문배달과 우유배달을 겸하며 돈을 벌면서 고등학교를 다니셨다.

하지만 아버지는 그 고등학교의 교육 과정 모두 채우지 못한 채 돈이 없어서 자퇴를 하셨다.

아버지는 고등학교를 다니지 않고 계속 일을 하여서 나중에라도 대학에 가시겠다며 돈을 모아두셨다. 그리고 어느 정도 돈이 모였을 때 아버지는 검정고시를 준비하시고 붙으셔서 대학을 갈 자격이 주어졌고 대학 준비를 하셨다. 아버지는 매일같이 12시에 주무시고 6시에 일어나시면서 공부를 하셨고 그에 따른 결과로 학원 하나 다니지 않고 동국대학교 경제학과에 입학하셨다. 대학교는 장학금을 받으시면서 다니셨지만 그에 머물지 않고 다른 일을 또 하면서 공무원 시험 준비를 하셨다. 그리고 3년간 준비하셔서 붙은 결과 아버지는 나이 28에 법원직 공무원이 되셨다. 공무원은 홀수 급마다 있는 승진 시험을 한 번의 떨어짐 없이 계속 합격 하셔서 5급까지 왔으며 2년 전 5급에서 4급으로 올라가기 위한 법원 공무원 중에서는 가장 어렵다는 시험을 충청도 관내 법원에서 1등으로 통과하셔서 지금은 4급 공무원이시다.

아버지의 삶은 내가 봐서가 아니라 누가 봐도 불우한 삶이었다. 돈을 떠나서 부모님을 모두 10대에 여의고 그에 따른 돈의 부족 역시 당연한 상황이다. 내가 만약 이런 상황이었다면 무조건 포기했을 것이다. 공부라는 생각은 절대 하지 못하고 삶을 살아갈 의욕조차 잃었을지도 모른다. 다른 사람들도 나와 같은 생각을 비슷하게 했을 것이라고 생각한다. 아버지가 처한 상황은 고등학교 중퇴에 부모님은 없고 모아둔 돈 역시 없는 극단적인 상황이었으니깐. 하지만 우리 아버지는 달랐다.

지금 다른 사람 혹은 내 친구들에게 우리 아버지가 4급 공무원이라고 하면 열 명 중 열 명 모두 잘 산다는 반응이다. 그리고 항상 나에겐 금수저라는 꼬리표를 쥐어준다. 물론 틀린 말은 아니다. 4급 공무원이라는 자리는 아무에게나 주어지는 것도 아닐뿐더러 그에 따른 급여 또한 올라가기 때문이다. 하지만 나는 금수저라는 말을 좋아하지 않는다. 금수저라는 말 안에는 그 사람이 했던 노력이 모두 '돈'이라는 큰 범위 안에 모두 묶여서 표현되는 것이라고 생각하기 때문이다. 즉 금수저라 하면 사람들은 수저 앞의 색깔만을 생각해서 그 사람의 재력을 생각할 뿐 그 사람이 금수저를 지니기 위한 노력을 보지 않는다는 것이다. 그런 의미에서 우리 아버지는 물론 우리 가족은 금수저가 절대 아니다. 아버지가 할머니에게 받은 것을 수저로 따진다면 동수저도 아닌 흙수저임에 틀림없다. 할아버지, 할머니가 모두 살아계셨을 때도 그렇게 풍족한 삶은 아니었기 때문이다. 아버지는 흙수저를 쥐고 생활해서 우리에게 금수저를 물려주신 것이다. 즉, 아버지가 주신 금수저는 순금의 금수저가 아닌 아버지의 노력 그리고 열정이 만들어낸 도금된 금수저인 것이다. 다른 사람들 그리고 내 친구들은 단순히 금빛이 도는 겉만 보고 금수저라고 할지 몰라도 아버지의 이야기를 아는 우리 가족은 모두 금수저 안에 둘러싸여 있는 손 때 묻은 흙수저를 볼 수 있다.

나는 이런 아버지가 자랑스럽다. 이런 남자가 우리 아버지인 것이 자랑스럽다. 아버지는 우리에게 단순히 풍요로움과 넉넉함을 주신 것뿐만이 아닌 어떤 역경을 겪어도 헤쳐 나갈 수 있다는 자신감과 뭐든 하면 된다는 마음가짐을 주셨다. 아버지는 아버지이기 이전에 남자로서 어떻게 살아가야 하는지 알려주셨고 어릴 때부터 우상이자 멘토셨다. 아버지는 밖에서 보이는 것이 금수저뿐만 아니라 집에서 행동하시는 것도 항상 우리에게 살갑게 대해주셨고 우리와 막역한 사이가 되어주는 그런 형 같은 존재도 되어 주었다. 우리에게 가정적인 모습도 알려주신 것이었다. 내가 나중에 결혼해서 아버지가 된다 해도 나는 이런 아버지가 되고 싶다고 자신 있게 말할 만큼 나는 아버지를 자랑스럽게 여긴다.

그래서 나는 아버지를 그리고 우리를 금수저라고 생각하지 않는다. 풍요로움, 풍족함은 물론 가지고 있을뿐더러 그에 따른 노력을 해서 자신의 손으로 도금하셔서 금수저를 우리에게 내어준 아버지는 흙수저를 금으로 도금해서 우리에게 주신 분이다. 물론 우리 아버지가 주신 수저가 금으로 도금된 금수저라고 해도 그 안에 있는 흙수저마저도 밖에 씌어져있는 금과 대조되어서 더 밝은 빛을 내게 해주는 그냥의 금수저보다 더 귀중하고 가치 있는 수저가 될 것임에 틀림없다. 나도 아버지를 따라서 그런 수저를 주고 싶은 나의 자식들에게 주고 싶은 마음뿐이다. 그리고 꼭 말해주고 싶다. 우리 집은 금수저가 아니고 안에는 흙수저가 있는 도금된 금수저라고.

찬란한 슬픔의 봄

윤아영(정치외교학과)

봄의 향기, 봄의 바람, 봄의 싱그러운 햇살이 나를 조여 온다. 스물한 살, 꽃다운 나이라고들 한다. 기타 선생님도 엄마도 심지어는 젊은 사촌언니까지 나의 나이를 부러워한다. 하지만 난 전혀 행복하지 않다. 오히려 불행한 나이인 것만 같다. 사실 그들은 내 나이에는 뭐든지 할 수 있다고 생각하는 것 같다. 혹은 내 나이에만 즐길 수 있는 것들에 대한 갈망일지도 모르겠다. 작년 이 맘 때였다. 나는 가위에 눌렸다. 나의 몸은 움직이지 않았고 눈은 감겨있었지만 방 천장이 그대로 보였다. 괜한 공포감에 휩싸였고 귀신이 나올 것만 같았다. 삼십 분이나 그 상태로 얼어있던 내 눈 앞에 결국 귀신이 보이고야 말았다. 너무 무서워서 필사적으로 손, 발을 움직이려 했지만 그럴수록 내 눈 앞의 귀신은 나를 노려볼 뿐이었다. 그렇게 귀신과의 사투 끝에 나는 깨어났다. 그러곤 엄마, 아빠가 계신 안방으로 뛰어 갔다. 나는 엉엉 울며 귀신을 봤다고 너무 무섭다고 소리쳤다. 하지만 아빠는 도리어 화를 내셨다. 귀신은 네가 만들어 낸 환영일 뿐이라며, 그만 울라면서. 나는 그저 무서워 떨고 있는 나를 감싸주길 바란 것이었다. 하지만 그는 냉철했고 더 이상 나를 감싸주지 않았다. 다음날 아침, 그는 나의 방문을 두드리며 "시간이 흐르면 모든 게 변하니까 지금 당장의 생각에 집착하지 않았으면 좋겠다"라고 말하고는 재빨리 현관문을 열고 나갔다. 나는 되뇌었다. 평소 그가 궤변을 한다고 굳게 믿어왔지만 이번엔 그게 아닐 것만 같았다. 내가 지금 힘들어한다는 것을 알아주는 듯 싶으면서도 나를 위로해 주지 않는 그가 원망스러웠다. 베개에 얼굴을 파묻고 다시 자려는데 갑자기 몰려오는 온갖 서러움에 눈물이 흘렀다. 실제로 스무 살이 된 나는 많은 생각을 했고 그 생각들에 집착하고 있었다. 뭔지 모를 무게감이 내 어깨를 짓눌렀고 복잡한 여러 감정들이 나를 괴롭게 했다. 하지만 스무 살의 나는 그 괴로움을 끝내 극복하지 못했고 같은 고민을 지금까지도 하고 있다. 여전한 스물한 살이 된 나는 문득 스무 살의 그가 궁금해졌다. 그에게 직접 물어봤지만 그는 부끄러운 듯 고개를 절레절레했다. 하는 수 없이 허락을 맡고 스무 살 그의 일기장을 찾아 나섰다. 책장 한 켠에서 1987년이라 적힌 색 바랜 그의 일기장을 찾았을 때, 알 수 없는 설렘과 두려움이 교차했다. 한편으론 그도 나와 다르지 않을 것 같았다. 그런데 뜻 밖에도 스무 살의 그는 감히 내가 평할 수 없을 정도로 치열했고, 나를 반성하게 만들었다. 지극히 솔직했기에 더욱 신선한 충격을 주었다. 그 나이라고 믿기지 않을 정도로 그의 생각은 깊숙했다. 그의 일기를 소개하기에 앞서, 인성과 성실성 그리고 심성까지 고루 갖추려 노력한 그에게 찬사를 보낸다.

"1987년 4월 26일 - 아직도 좁고 가냘픈 나의 도량에 자조할 수밖에 없다. 질투, 복수, 수치심 등의 여러 감정들이 내 스스로를 괴롭게 만든다. 나의 본체는 어디로 가려고 하는지 갈피를 잡을 수 없을 정도이다. 부족한 나의 도량과 자존심을 넓히는 노력을 하여야겠다. 모든 것이 나만을 위해주길 바라는, 모든 것이 내 뜻대로 되길 바라는 나의 욕구. 하지만 감정상 나타나는 이러한 욕구란 쉽사리 채워질수록 괴롭고, 또한 이루어지지 못 할 경우에는 더욱 비참한 것이다. 상대에게 느끼는 자기 비하 내지 자기 우월 의식의 심적 부작용을 해탈하도록 하여야 할 것이다. 가장 편하고 가장 배부른 마음과 인성이 바로 행복의 지름길이 아니겠는가. 모든 것이 잘되어 가리라는 생각과 느긋한 마음이 변화하는 나의 실체를 바로 아는 것이야말로 나의 진정하고도 영원한 행복의 원천이리라. 모든 것은 존재하며 고로 존재 양식적 삶은 현대인의 자조적 비탄 내지 허위의식을 떨치는 명약이 아니고 무엇이겠는가."

여러 감정들에 얽매여 괴로워하는 것은 지금의 나와 다르지 않았다. 그렇기에 나는 그에게 연민을 느꼈다. 하지만 그는 나와는 다르게 객관적으로 상황을 판단했다. 그리고 괴로움이라는 벽을 넘기 위해 전략을 짜고 있었다. 1년 전 나는 모든 것이 나만을 위해주길 바랐다. 그런 나에게 차갑게 대했던 것은 쉽사리 채워지는 위로를 경계했기 때문일 것이다. 언제나, 누구나 나에게 위로를 해 줄 수 없는 현실이기에 스스로 위로하는 법을 가르쳐 주려함이었을 것이다. 그때 그가 나에게 위로를 해 주었더라면 하는 마음이 아직도 없지는 않다. 하지만 이 글을 본 지금은 그의 의도에서 위로를 얻는다. 동시에 배부른 마음과 인성을 갖자고 스스로 다짐해본다.

"1987년 8월 20일 - 오늘도 저물어간다. 서로 웃고 서로를 위하는 정성 속에 살아가고픈 날이다. 괴로워하는 이들을 보고, 나 자신도 괴로움을 느낄... 아직도 어리고 미성숙한 우리들. 막연하고도 그리운 무언가를 성취하지 못해 방황하는 우리들. 하지만 안다. 오늘의 방황은 내일의 거름임을 오늘의 괴로움은 내일의 행복을 배가시킴을. 배반당하고 멀어질까봐 두려워하는 우리들. 모든 것을 삭막한 환경 탓으로 돌리고픈 마음. 그러나 현실은 엄연하다. 우월감과 정복감은 오래가지 않는다. 곧이어 패배감과 열등의식이 덮치기 때문이다. 그러기에 우리는 모두를 사랑하고 아끼며, 이 사회와 함께 호흡하여야 하는 것이다."

타인을 위한 그의 심성이 참 곱다. 지금까지 바라본 그의 과거는 늘 누군가를 위했다. 낳아 주시고 사랑으로 길러주신 부모님을 위해서, 사랑하는 애인을 위해서 그는 부단히 노력했다. 비단 가까운 사람들뿐만이 아니다. 그는 모두를 사랑하고 아껴야 한다고 말하고 있지 않는가. 현실의 시린 아픔 속에서도 타인과 정을 나누며 아픔은 덜고 기쁨은 배가 되는 사회를 구현하고자 함이었을 것이다. 이 불가피한 사회의 삭막함 속에서 이런 생각을 한다는 것 자체가 놀라울 따름이다.

"1987년 10월 3일 - 홍역보다도 더 괴로웠던 시간들을 죽 돌아보면서 감탄사와 찬미를 연달아 던질 수밖에 없었다. 단 1초도 헛되이 보내지 않았다는 데, 나는 나의 성실성을 자찬할 수밖에 없다. 결코 수동적이 아닌 능동적인 dash로 모든 삶을 보람 있고 활기 있게 하는데, 지난 7개월은 크나큰 공헌을 했다. 7개월 동안 다른 이보다 세 배 정도는 많은 것을 경험하고 깨우쳤다고 자신할 수 있다."

그렇다. 그는 결코 포기하지 않았다. 스무 살의 그는 스무 살의 나와 같이 힘들어 했지만 긍정적인 마음으로 세상에 문을 두드렸다. 성실성과 능동적인 삶의 자세로 자신의 삶을 개척해 나가고 있었다. 사실 1월부터 9월까지 9개월 간 그의 일기를 보아온 나는 얼굴을 들 수 없을 정도로 창피했다. 과연 나는 나의 성실성을 자찬할 수 있을까? 전혀 아니다. 지금까지의 난 그저 조금만 힘들어도 온갖 역정을 냈다. 그것도 못하냐면 스스로를 비난했다. 또한 그의 진심어린 충고를 궤변이라 치부하며 짜증만 냈다. 이런 내가 더욱 안타까워지는 순간이다.

"1987년 10월 14일 - 다가올 겨울이 무섭지 않다. 겨울에는 잠을 잘 테니까. 지난 봄의 따사로움을, 여름의 싱그러움을, 가을의 고독과 낭만을 떠올리며 미소 짓는 꿈을 꿀 테니까"

작년 겨울, 그는 나에게 물었었다. 겨울이 좋으냐고 싫으냐고. 난 추운 걸 싫어하기에 싫다고 답했다. 그 때 그는 스무 살의 당신을 떠올렸을까. 나에게 추위를 무서워하지 말라고 말했다. 역시 나는 무슨 말인지 몰라 그러려니 하고 넘어갔다. 이제야 그 의미를 알 것도 같다. 따스한 햇살과 시원한 비를 맞을 그 나날들을 꿈꾸며 나아가라는 뜻이 아닐까. 그는 나에게 늘 자신의 철학을 말해왔다. 그것 또한 그런 생각을 끊임없이 해 왔기 때문일 것이다. 처음으로 그가 말해온 철학이 나를 더 성장시키기 위한 가르침이 될 수 있다는 생각이 들었다. 마지막으로 스무 살을 끝마치면 그가 다짐한 열 가지 삶의 자세가 인상 깊다.

"1987년 12월 30일 - 앞으로의 생활자세 1. 생에 대한 애착과 감사의 마음을 갖는다. 2. 항상 남을 위할 줄 아는 사랑의 마음을 갖는다. 3. 교만하거나 자기도취에 빠지지 않는다. 4. 항상 겸허하며, 정이 넘치는 삶을 꾸린다. 5. 보다 성실한 삶을 꾸리고 노력하는 자세를 분명히 한다. 6. 세 번 이상 생각하고 말을 내뱉는다. 7. 언행일치가 되도록 행동한다. 8. 항상 웃는 낯으로 대면한다. 9. 절대 비교하지 말고 세상에 보이기 위해서 행동하지 않는다. 10. 어제보다 나은 오늘을 위해 최선을 다하여 오늘에 충실한 인간이 되자."

감탄을 금치 못 할 따름이다. 오늘 난 의도치 않게 참 많은 반성을 했다. 그를 평하려 시작한 나의 글은 부족한 나를 비평하게 만들었다. 나에게 한 그의 충고들이 번개처럼 뇌리를 스친다. 앞으로도 그와 나의 말다툼은 계속될지 모르겠지만 더 이상 그 충고들이 나를 향한 사랑이라는 것은 반박할 수 없다. 그의 경험에서 우러나온 충고는 나를 더욱 단단하게 하기 위해서일 것이다. 나에게 삶의 소중함을 일깨워 주려는 것이다. 그가 살아온 삶이 그의 사상을 만들었다고 생각한다. 앞으로는 그를 이해해보려고 한다. 지금까지 그가 짊어온 삶의 무게를 감히 짐작하려는 게 아니다. 스무 살부터 정립해온 그의 철학이 궁금해 졌을 뿐이다.

"1987년 11월 30일 - 나는 젊다. 푸르른 하늘은 내가 다다르기에 너무도 벅차게 높다. 하지만, 이 즐거운 청춘을 탄식으로만 보낼 순 없다."

스무 살의 그는 넘어져도 다시 일어났다. 피나는 열정은 그가 흘린 땀을 더욱 가치 있게 만들었다. 그 화려함 속에 시린 그의 청춘이 값지다. 찬란한 슬픔의 봄처럼 말이다. 아직 찬란하지 못한 나의 청춘은 더 노력해야 할 것이다. 슬픔을 통해 더욱 찬란한 청춘을 보낸 그에게 존경을 표하며 평을 마친다.

아버지의 뒷모습

이병현(정치외교학과)

아버지에 대해 내가 처음으로 떠올린 모습은 문을 닫고 들어가시는 아버지의 뒷모습이었다. 어릴 적 내가 일어나 눈을 비비기도 전에 집을 나서시던 아버지는 늦은 밤 철컹 하는 대문 소리와 함께 나의 단잠을 깨우시곤 했다. 아버지의 이미지는 점점 어린 나의 맘속에 무뚝뚝함과 연상되는 모든 것, 침묵, 조용함, 어두움 따위와 같은 것들로 형성됐고 나 또한 아버지와의 대화를 꺼리게 되었다. 어색한 침묵을 깨기 위한 나의 서툰 노력도 아버지의 무표정으로 일관된 대답 앞에 가로막혔고 나와 아버지의 벽은 점차 높아져만 갔다. 이게 내가 기억하는 아버지의 모습이었다.

아버지는 어떤 사람일까? 아버지의 삶은 어떠한 모습들이었으며 지금은 또 어떠할까? 희미하지만 내 마음속 깊은 곳엔 아버지란 사람에 대한 궁금증이 송골하게 맺혀 있었다. 언제나 매정한 느낌마저 남기던 아버지의 뒷모습은 언제부터인가 내가 그제껏 느껴왔던 것들과는 다른 묘한 감정을 불러 일으키고 있었다. 방에 들어가시는 모습을 보고 있노라면 그것들은 하루하루 신기하게도 조금씩 다른 모습이었다. 어떤 날은 왠지 모를 편안한 분위기를 풍기고 있었고 대부분의 날은 어딘가 한쪽이 (아마 어깨이었던 것 같다) 무거워 보이셨다. 관찰들이 반복되면서 그 모습들은 더욱 다양해져 갔다. 그렇게 나도 모르게, 아버지의 뒷모습, 아버지란 '사람'에 대해 알고 싶은 욕구가 커져갔다. 하지만 '아버지'로서의 그분은 여전히 나의 인식 범위에선 도저히 생각할 수도 없는, 알아갈 자신조차 없는, 나에게는 너무나 과분한 것이었음을 기억한다. 지금 생각해보면 아버지의 인생을 따라가는 나의 지금 이 모습은 나의 서운함과 답답함에서부터 시작한 것 같다. 그리고 나와 아버지 사이에 자리한 높디높은 벽을 넘고자 하는 나의 오기는 바로 당신이 물려주신 것이었음을 본능적으로 느끼었다.

* * *

아버지는 1965년 충남 예산에서 태어났다. 풍족하지도 부족하지도 않은 농사꾼 아버지의 아들이었던 그는 어릴 때부터 세 형의 그림자 안에 숨어 살 수밖에 없었던 삶을 시작했다. 앞선 세형들이 그에게는 큰 존재성을 띄었기에 형들의 품아귀 속에서 사는 것이 그에게는 너무나 당연하였고 가족들이 그에게 바라는 전부였다. 정해진 삶, 형편이 되지 않는다면 형들을 위해 학교를 포기해야 하고 공부할 시간에 아버지의 농사를 도와야 한다는 그 삶에 아버지는 순순히 침잠되었고 그는 그것을 너무나도 당연하게 여겼다. 아니 여기는 것처럼 보였다. 내가 생각하던 아버지의 모습대로라면 그는 이 상황에 대해서 무미건조한 어투로 '그래 원래 이런 거겠지.'하고 한숨 한 번 푹 내쉬고 말았을 것이다. 그러나 아버지의 마음속엔 어두컴컴한 지하 속 광부들과 같은 소문 없는 욕심이 있었다. 등교하는 형들을 바라보며 몰래 자신의 그림자를 키워갔던 아버지는 남들보다 1년 더

늦게 인천공고에 입학하게 되었다. 운명을 받아들여 아버지와 같이 고향에서 농사를 짓고 살 것만 같았던 아버지의 삶은 그가 준 조금의 변화로 인해 많이 바뀌게 되었다. 아버지는 그의 삶에서 자신이 키웠던 그림자의 크기를 조금도 과장하거나 아끼지 않고 이후의 삶에서 표현해 냈고, 그것은 세상의 화답으로 이어졌다. 단숨에 금형기술 부문의 유망주가 된 아버지는 국제기능올림픽 준비생이 되어 있었다.

모두가 관심 가지지 않고, 그냥 내버려두면 알아서 되겠지 하는 생각이 있다. 그러나 그 무관심 속에서 몰래 자라온 욕망과 생각들은 어떤 설명하기 힘든 간절함을 가지고 있다. 매일 똑같이 반복되는 지겨운 일상, 정해진 순리는 아버지를 초조함이 아닌 지긋함과 기다림의 사람으로 만들었다. 형들의 등교를 보며 초조함으로 인해 자신의 상황을 비관하고 포기할 수 있었다. 그러나 그는 기다림으로 간절함의 크기를 키워갔고 조용히 세상에 표현해 내었다. 아버지의 뒷모습엔 어떤 조급함이 없었다. 매일 똑같이 무뚝뚝한 뒷모습 속에서 아버지만의 간절한 떨림이 보이곤 했다.

아버지는 항상 한결같으셨다. 항상 나는 그의 뒷모습만 보아왔기에, 그 속에 어떤 성공과 실패, 기쁨과 절망이 담겨있는지 알 수 없었다. 이따금 내가 예상치 못한 실패로 인해 절망에 빠져있을 때 아버지의 그 모습들은 아버지에 대한 나의 서운함을 증폭시켰다. 두려움과 불안의 감정에 이리저리 휘둘리는 나의 모습이 아버지의 무뚝뚝하지만 흔들림 없는 모습에 대고 도와달라고, 해답을 제시해 달라고 부르짖고 있었는지 모른다.

국제기능올림픽에 출전하려면 전국대회에서 1등을 해야 했는데 아버지는 2등을 하는 바람에 오래 준비해왔던 노력이 수포로 돌아갔다. 세상에 첫 발걸음을 뗀 것이나 마찬가지인 아버지는 자신의 상상 이상으로 더 큰 실패감을 느꼈다. 인생에서 처음으로 맛본 실패가 주는 아릿함과 허망함으로 인해 아버지는 방황했다. 마음속에 항상 지니고 있었던 형들보다 잘하고 싶다는 마음, 아버지께 인정받고 싶은 마음들이 하나의 실패로 일순간에 무너지는 것을 그는 목격했다. 누구의 도움도 기대도 받지 않고 외로이 쌓아온 자신만의 희망이었기에 그 실패는 유독 쓰라렸을 것이다. 아버지는 그 시절을 끝이 보이지 않는 어두컴컴한 터널과도 같았다고 기억하셨다. 아버지와 마찬가지로 나 또한 오랜 시간 외로움과 싸우며 무언가를 위해 준비했던 경험이 있다. 실패로 끝난다면, 그 결과 역시 오롯이 나 혼자 떠맡아야 한다. 그것이 나를 우리를 지독하게 고독한 외로움과 실패감에 가둬놓는다. 어느 날 방황하던 그에게 다시 손을 건넨 건 다름 아닌 가족이었다. 혼자인 줄 알았던 그에겐 네 명의 형들이 있었다. 어느 여관방에 다 같이 모인 가족은 앞만 보고 바삐 달려온 그의 외로운 길에 사실은 가족이 언제나 함께 있었음을 깨닫게 한다. 혼자 노력하고, 눈에 띄는 도움 없이 살아온 아버지는 이기적일 수밖에 없었다. 그런 그에게 가족은 그의 인생에 또 다른, 제일 중요한 삶의 신조가 될 목표의식을 심어주었다. '관영아 형은 널 믿는다. 어떤 길을 가더라도 우린 너와 함께임을 잊지 말아라.' 둘째 형의 말은 얼마 뒤 유언이자 아버지의 삶 속 중요한 가치로 남게 되었다. 아버지는 그 이후로 자신만의 삶에 가족의 삶을 조금씩 얹어갔고 그것으로 인해 아버지의 삶은 조금의 실패들로는 쉽게 흔들리지 않는 무거움을 지니게 되었다.

아버지의 어깨가 무거워 보인 탓은 그 위에 한 움큼 두 움큼의 삶들이 더 얹어져 있었기 때문이라는 생각이 든다. 조금은 무겁고 힘들어 보일지라도, 그 삶의 단단함은 세상의 폭풍 같은 시련들 속에서 가족들과 함께 자신만의 삶을 지켜온 아버지의 말 없는 고백이었다.

아버지는 어느 날 대학원을 다니고 계신다고 했다. 그는 처음부터 가족에게 사실대로 말하지 않고 몰래 다니고 있었다. 나 또한 수능 공부에 매진하던 중이었고 아버지의 일은 나와 별개의 것이었기에 관심을 두지 않았다. 그런데 내가 대학에 들어갈 즈음 아버지가 신문에 실리셨다는 말을 들었다. TV에 나와 총리에게 상을 받기도 하고 어느 날 내가 집에 갔더니 벽에 대통령 훈장이 걸려있는 것을 보았다. 전국에서 손에 꼽는다는 한 분야의 명장이 되셨다는 소식이었다. 나는 그 사실에 대해 기뻐하기보다는 아버지께 도리어 서운해졌다. 내가 수능 공부로 인해 힘들고 지쳐있을 때 아버지와의 대화는 커녕 얼굴 뵙기도 힘들었던 기억. 사실 그것은 우리 부자 사이의 평소 모습이었다. 그러나 아버지가 명장이 되셨다는 사실은 나에게는 마치 아버지가 나에게 투자했어야 할 관심이 온전히 자신의 명예와 성공에 대한 추종으로 인해 희생돼왔다는 말로 들렸다. 그리고 아버지가 가족보다 자신의 삶을 우선하고 있는 게 아니냐는 나의 오래된 의심을 확인시키기도 했다. 아버지에 대한 나의 울분은 오랜 시간 깊은 곳에서부터 쌓이기만 하고 표출된 적이 없었기에 나는 슬프게도 그 울분들을 토해낼 방법조차 모르고 있었다. 그러나 아버지와 진로 문제로 크게 다툰 다음 날 내 메일로 편지 한 통을 보냈다는 아버지의 문자를 받았다.

아버지의 삶은 분명 다사다난했을 것이고, 하나의 편지로 설명되기엔 너무 깊고, 너무 긴 이야기들일 것이다. 그러나 아버지의 편지에는 인간으로서의 당신을 내려놓고 '아버지'로서 나에게 말을 걸고 싶어 했던 아버지 평생의 고민들이 솔직하게 담겨 있었다. 아버지는 항상 남을 위한 삶을 살고 싶어 하셨고, 그렇게 살아오셨다. 그가 어릴 적 그토록 학교에 가고 싶어 했던 것은 아버지에게 자랑스러운 아들이 되고 싶기 때문이었고, 그가 방황 속에서 다시 일어설 수 있었던 것은 형들에게 짐이 아니라 힘이 되는 동생이 되고 싶었던 마음 때문이었다. 그리고 대학원에 가서 학위를 따고 명장이 되기 위해 노력한 이유는 지적장애인인 내 동생에 대한 책임감, 그 동생 뒷바라지로 온 일생을 빼앗기신 나의 어머니에 대한 미안함, 그리고 지금은 돌아가신 할아버지에게 끝까지 자랑스러운 아들이 되고자 하는 욕심 때문이었음을 고백하셨다. 자신을 위한 욕심만으로 살기엔 세상은 너무 외롭고 그렇게 남을 위해 살아가는 게 행복했다고 하셨다. 그리고 그렇게 바쁘게 살아오다 보니 나에게 좋은 아버지가 되지 못한 당신 모습이 미안하다 말하셨다.

아버지의 고백은 사실 내가 자라오면서 아버지의 모습을 가까이서 보며 가슴속으로 깨닫고 이해해왔던 것이다. 아침 일찍 아침도 거르시며 출근하고 밤늦게 집에 들어오셔서 혹여나 가족 깰까 봐 들리지도 않을 만큼 소리를 줄여가며 그렇게 좋아하던 TV 예능을 보시는 아버지의 모습. 그것이 나의 마음을 아프게 했다. 조금은 이기적인 아버지의 모습을 기대했는지도 모른다. 아버지는 내가 알아온 사람 중에 가장 남을 생각하시는 분이었고 그 생각을 인생을 통해 실천할 줄 아는 사람이었다. 아버지는 '백 마디 말보다 한 가지 행동을 하라'라는 경구의 의미를 누구보다 잘 이해하고 실천해 오신 분이었다. 그의 삶을 오롯이 가족, 나를 위해 바치셨고 겸손하게 살아야 한다는 아버지의 좌우명처럼 뒤에서 몰래 우리의 등을 떠받치고 계셨다. 그리고 우리에게 뒷모습만 보여줌으로써 '아버지'라는 무거운 이름을 감당하는 아버지의 인생의 아픔들을 숨기고 계셨지 않나 싶다. 흔들리지 않는 뒷모습, 단단한 아버지의 등은 나에게 어떤 화려한 수식구적인 표현이 아닌 무거운 삶의 모습으로 나를 깊게 깨닫게끔 하는 아버지의 진정한 사랑이었다.

* * *

언젠가 아버지와 목욕탕에 같이 간 적이 있다. 목욕을 끝내고 나에게 때를 밀어달라며 뒤도시며 나에게 보여준 아버지의 등은 내가 알아온 아버지의 뒷모습과 많이 달랐다. 크지도 않은 내 손이 몇 번 왔다 갔다, 하자 끝나버린 아버지의 등은 너무나도 좁아 보였다. 때를 미는 내 동작 하나하나에 헐거워진 나사처럼 흔들리던 아버지의 등을, 나는 다른 한 손으로 지탱해야만 했다.

아버지의 삶과 뒷모습을 내가 단번에 이해하고 깨닫기엔 그 삶을 직접 살아오신 당신의 수고들이 너무나 힘들고 외로운 버팀의 시간이 아니었을까. 아버지는 뒷모습을 통해 말하고 계셨다. 아버지의 뒷모습은 기다림과 간절함이었고, 가장으로서 흔들리지 않는 무거움이셨다. 그리고 언제나 나의 앞에서 내 길을 비춰주는 등불과도 같은 것이었다. 내가 그토록 싫어했고, 증오하기도 했던 아버지의 뒷모습이 이젠 내 삶의 모토가 되어가고 있음을 고백한다. 아버지와 나 사이의 높디높은 벽들은 치기 어린 내 마음이 만들어낸 허상이었다. 이제 벽은 사라지고, 그곳엔 어느새 높진 않아도 너무나 단단하고 굳건한 아버지의 뒷모습이 남아있었다.

처음엔 어른이란 게

이유라(영화예술학과)

그는 먼지가 다닥다닥 눌어붙은 단칸방에서 나고 자랐다. 본인을 가장 소중히 여기는 아버지와 그야말로 피붙이를 위해 헌신하는 어머니의 두 번째 아들이오, 네 번째 자식으로 태어난 그에게 이러한 환경은 아직은 아무런 문제가 되지 않았다. 서울 영등포 한복판의 구석진 길을 따라가면 나오던 그 동네에서는 이런 집이 지극히 평범했고 그마저도 없는 사람들이 즐비했기 때문이다. 유년 시절은 행복했다. 동생이 태어나기 전까지 그의 위치는 명실상부 집안의 막내였으며 큰 형과 두 누나의 사랑을 독차지할 수 있었다. 물론, 아버지는 여전히 당신을 사랑하였으며 어머니는 집안의 끈이므로 당장 먹고 사는 것에 급급해 그들에게 관심을 나눠주기엔 시간도, 여유도 넉넉지 못하였다. 어쩌면 이때부터였을지도 모른다. 그가 자신의 위치에 비해 과하고도 막중한 책임감을 느끼게 된 것은. 그는 야구를 참 좋아하는 소년이었다. 재능이 있었을지도 모른다. 아니, 있었을 것이다. 그에게 고작 몇 천 원과 몇 백 원만 있었더라면. 글러브를 살 돈은 턱없이 부족했다. 그의 형편으로는 종이 몇 장과 연필 몇 자루를 사는 것조차 할 수 없었으므로, 글러브라는 것은 허황한 꿈이었으니. 그는 자신의 형편을 원망하며 조용히 울었다. 소년의 꿈은 싹을 틔우기도 전에 뽑혀버렸고 새로운 씨앗을 심었다. 우수한 성적으로 중학교를 졸업하고 학교장 추천으로 공업 고등학교에 입학했다. 졸업하고 대학을 갔으리라는 모두의 기대와는 달리 그는 수료 후 바로 사회에 뛰어들었다.

그는 생각이 깊은 사람이다. 보통의 평범한 가정이라면 장남이 가질지도 모르는 각오이지만 그는 달랐다. 넷째 자식으로 태어났으며 박학다식했던 그가 모든 것을 포기하고 가족의 생계를 위해 전전긍긍하며 취업 활동을 했다. 나는 이 점에서 그에게 박수를 보내지 않을 수가 없다. 만약 나라면 저렇게 할 용기가 있었을까? 나 또한 집안의 장녀이고 심지어 나조차 섣불리 낼 수 없는 생각을 그는 열 몇 살이라는 한없이 어린 나이부터 마음먹었고, 열아홉에 시행했다. 사진을 배웠던 그는 수많은 피사체를 찍고 인화하며, 가끔은 어머니의 가게를 돕기도 하고 자신의 비디오 가게를 차려 나갔다. 그리고 그는 자신의 카메라의 유일한 피사체가 되었으면 하는 사람을 만났다. 한눈에 반해버린 그녀와 서로 편지를 보내며 사랑스러운 연애를 한 그는 첫사랑이자 끝 사랑인 그녀와 결혼을 하게 된다. 이후 눈에 넣어도 아프지 않을 소중한 두 딸을 키우며 그는 오늘도 열심히 달리고, 넘어지고, 또 달린다. 끝이 보이지 않는 길고 긴 터널을. 오로지 세 사람을 위해서.

그는 사랑이 부족했던 사람이다. 먹고 살기에 바빠 정작 아이가 먹고 자랄 근본적인 사랑을 충분히 받지 못했다. 그런데도 그는 자기 아버지와는 다른 행보를 걸었다. 가정환경은 대물림된다는 말이 있다. 물질적인 것 이외에 정신적인 것까지도 포함한다는 말이다. 부모의 행동을 보고 자란 아이가 커서 똑같이 그 행동양식을 따라하고 자신의 자녀에게 내보인다. 그는 이런 악순환의 고리를 스스로 끊어낸 사람이다. 아버지를 보며 절대로 자신은 그리되지 않겠노라고 생각했다. 내가 태어났을 때 그는 십 수 년간 피워온 담배를 끊었다. 나의 유년시절은 그가 찍어준 사진과 비디오테이프로 채워졌다. 야간자율학습을 하는 고등학교 3년 내내 하루도 빠짐없이 그는 버스정류장으로 나를 마중 나왔다. 사랑을 퍼주기에는 받은 것이 너무나도 부족해서 자신의 것을 채우기도 급급할 그는, 자신의 내부에서 사랑을 만들어 내어 그것을 나눠주고 있었다. 그런 그의 따스한 사랑을 나는 그저 받아먹기만 했다. 받는 것에 대해서 어떠한 의문도 품지 않았다. 그러면서 나는, 그가 항상 행복하고 웃기만 하는 사람인 줄 알았다.

지난 설에 할머니 댁을 갔었다. 나는 그 날을 잊을 수 없다. 그렇게 술에 진탕 취한 그를 본 것은 처음이었기 때문이다. 자신의 감정을 여과 없이 여실히 드러내는 그의 모습은 가히 충격적이었다. 어쩌면 추할 수도 있는 자태가 나에게는 너무나도 서글프게 다가왔다. 웃고 있지만, 그 안에 슬픔이 담겨있다는 말을 처음으로 이해할 수 있었다. 모 드라마에서 이런 대사가 나온다. ' 이 아빠도 태어날 때부터 아빠가 아니 자녀, 아빠도 아빠가 처음인디….' 어쩌면 나는 그에게 아빠라는 이름으로 옭아매고 있었는지도 모른다. 그의 애정이 어린 행동들을 당연하게 여기고 그의 마음을 헤아릴 시도조차 못 했다. 그리고 나는 후에 엄마가 되어서도 그처럼 할 자신이 없다. 그가 내게 하는 말들이 결국엔 유명 강사들의 강연과 똑같았을 정도로 그가 지식이 많다는 걸 깨달았던 그때, 그래서 생각보다 나의 아버지는 훨씬 더 대단한 사람이라는 걸 깨달았던 그때, 처음부터 그는 어른이 아니었다는 것을 깨달았던 그때. 아직 덜 여문 나의 눈으로 평가하기엔 너무나도 가치가 커서, 할 엄두조차 감히 나지 않는, 그 누구보다도 치열하고도 '어른스럽게' 살아온 사랑하는 나의 어린 아버지에게 이 글을 바친다.

현실적인 슈퍼맨

장진영(화학공학과)

최근 들어 곰곰이 생각해보게 만든 TV프로그램이 있다. 지상파 방송 '슈퍼맨이 돌아왔다'이다. 이 프로그램을 옛날부터 시청해온 나로서는 주로 '슈퍼맨이 돌아왔다'라는 프로그램 제목에 대해서는 아무 감흥이 없었는데, 최근 그 제목에 아빠의 모습이 비추어 보이기 시작했다.

아빠가 슈퍼맨처럼 느껴졌다는 뻔한 이야기를 하려는 것이 아니다. 오히려 어렸을 적 나에게는 아빠는 다가가기 어려운 호랑이 같은 사람이었다. 어렸을 적부터 맞벌이를 하셨던 엄마, 아빠이기에 자연스레 함께한 시간이 적어 어색했고, 어렸을 적 개인 사업으로 건축설계 일을 하던 우리 아빠에게서 수입이 별로 없었던 까닭에 우리 엄마는 우리 가족을 먹여 살리기 위해 아등바등 일을 하셨다. 게다가 아빠의 다혈질 같은 성격은 엄마랑 한 번 싸우거나, 나랑 한 번 싸울 때 물건 하나를 깨뜨려야 끝이 보였다. 그런 아빠의 모습이 슈퍼맨처럼 보일 리가 없었다. 아니, 오히려 초등학교, 중학교까지는 아빠가 미워 일부러 집에 늦게 들어가서 최대한 안 마주치려 했다.

그 때는 아빠의 이야기를 들어줄 마음과 귀가 없었다. 솔직히 말하자면, 들어줄 준비가 된 마음과 들어줄 준비가 된 귀가 없었다. 그렇게 소원했던 우리 부녀 관계는 나의 고등학교 2학년, 참고 참아둔 나의 감정을 터지게 했다. 그 날 저녁, 유달리 기분이 안 좋았던 나는 역시나 아빠와 마주치지 않기 위해 집으로 오자마자 곧장 방으로 직행했다.

인사조차 하지 않고 말이다. 그 때 나에게 아빠는 어떤 의미였을까. 아빠도 그런 생각이 드셨는지 방으로 들어오셔서 물으셨다. "인사도 안하는 거니?" 차분한 어조로 건넨 아빠의 말에서 섭섭함과 금방이라도 화를 낼 것 같다는 느낌이 들었지만, 그저 그 대화가 빨리 끝내길 바랐던 나는 "문 닫고 나가주세요. 기분 안 좋아요."라며 퉁명스러운 대답을 던졌다. 내 대답이 불씨가 되었고, 아빠의 다혈질 같은 성격은 터져버리고 말았다. 그 날, 나는 우산이 부서지도록 세게 맞았고, 엄마는 제발 이러지 말라며 아빠를 말리셨다. 나가고 싶었다. 그 순간, 공기가 너무 답답했다. 집 밖을 나와 놀이터에 앉아 아빠에게 맞은 손을 보고 있자니, 아프기도 하면서 서러움이 올라와 눈물이 났다. 왜 나에게는 다정한 아빠가 아닌 걸까, 아빠에게는 나는 보고 싶지 않은 자식인걸까. 집으로 돌아온 나는 엄마와의 대화 중 참고 참던 한마디가 터져버렸다. "이럴꺼면 왜 나를 낳은 거야. 엄마" 엄마에게 그 대답을 하고, 모질게 방을 나온 나는 엄마가 우는 소리를 외면하고 이불을 머리 위까지 덮어쓰고 잠이 들었다. 내일이 오지 않길 바라며. 그리고 다음날 나는 평소처럼 아빠를 피했다. 그러나 아빠의 생각은 달랐나보다. 이틀 후, 아빠는 무거운 얼굴로 내 방에 들어와 "대화 좀 하자. 우리 부녀간에 벽이 생긴 것 같다."라며 이야기를 꺼냈다. 침대에 돌아누워 있던 나는 아무 대답도 하지 않았고 아빠는 처음으로 나에게 털어놓기 시작했다. 아빠가 어렸을 적

받은 상처, 가장으로서의 말할 수 없던 아픔을.

아빠는 어렸을 적 매우 가난했다고 했다. 밥을 하루에 한 끼만 먹은 적도 많았고, 동생이 둘이나 있었던 큰 오빠였던 아빠는 언제나 모든 책임을 떠맡아, 아빠의 아버지, 친 할아버지로부터 수도 없이 맞았다고 하였다. 어떨 땐 이유 없이 갑자기 화가 나셔서 맞을 때도 있었다고. 그 이야기를 떨리는 목소리로 말하는 아빠가 느껴져 난 아무 말도 할 수 없었다. 대학에 뜻이 없었던 아빠는 공부를 하지 않았고, 그런 아빠를 무차별적으로 때린 할아버지에 의해 반강제적으로 재수를 하여 대학을 들어갔다고 하였다. 하지만 대학을 원하지 않았던 아빠는 1,2학년 학사 경고를 받을 정도로 친구들이랑 놀기 바빴다고 하였다. 그저 그때는 공부가 바보 같아 보였다고. 그러나 군대에 가게 되고, 그 후 아빠는 머리의 필요성을 느끼고 친 할아버지와 같은 아빠가 되고 싶지 않아 공부를 열심히 하고, 건축 설계 사무소를 차리고 일을 하게 되었다고 말이다. 그렇게 엄마를 만나 결혼을 했지만, 사무소를 뜻대로 잘 풀리지 않았다고 했다. 돈을 제대로 벌지 못하니 매번 스스로가 너무 미웠고, 할아버지로부터의 피를 속일 수 없었던 아빠는 나를 때리고 있는 모습에서 할아버지의 모습을 보았다고 했다. 그렇게 얘기를 하던 아빠는 잠시 얘기를 멈추더니 "미안하다. 아빠가 너에게 그런 아빠가 되지 않으려고, 그런 모습을 보이려고 한 게 아닌데...미안하다"라며 방을 나가셨다. 갑자기 머리가 멍해졌다. 그 동안 아빠의 행동을 이해할 겨를이 없었던 나에겐 그간의 행동이 이해가 가기 시작했다.

아빠도 많이 힘들었겠다고. 가장으로서의 어깨도 너무나 무거웠겠다고. 이 말이 전하고 싶었지만 한 번도 해본 적 없는 애정 표현에 이 말들은 묻어두었다. 하지만 그 후 아침마다, 저녁마다 아빠에게 인사를 꼭 하기 시작했고, 아빠도 노력하는 내가 느껴졌는지 밝은 인사를 해주시곤 했다. 그 후, 고등학교 2학년 방학, 엄마의 제안에 나는 아빠 사무실을 처음으로 가보았다. 개인 사업이라 수입이 일정하지 않고, 일이 많이 들어오지 않았던 그 때, 아빠의 사무실은 좁았다. 아빠는 웃으면서 "언젠가 아빠가 더 열심히 해서 넓은 개인 사무실로 옮길 거야."라고 하셨다. 난 "하나의 일을 끈기 있게 약 10년을 넘게, 아니 20년이 다가도록 하고 있는 아빠는 기필코 잘 될 거야."라고 처음으로 내 속마음을 말했었다. 아빠는 너무나 좋아하시며, "고맙다, 내 딸"라며 나를 꼭 안아주셨다. 그 후, 아빠는 거짓말처럼 조금씩 일이 잘 풀리기 시작했다. 그 덕에 일하느라 힘들어하셨던 엄마는 너무나 좋아하셨고, 어느덧 우리 아빠는 건축에 20년 이상 종사한 건축 설계 전문가가 되었다. 내가 대학교 전공을 정하지 못하고, 고민이 많을 때 아빠가 설계한 한옥, 그 외 건물들에 대해 물어본 적이 있다. 그 때 뿌듯한 얼굴로 나에게 설명해주던 아빠의 모습은 슈퍼맨으로 보였다. 세상 어디에도 없는 현실 속 슈퍼맨. 부족한 것도 많고 못하는 것도 많지만 가정을 위해, 자신을 위해 고치려고 노력하는 현실적인 슈퍼맨.

그렇게 한참을 설명해 주던 아빠에게 내가 "아빠, 행복해?"라고 물었을 때 "그럼. 일도 많고, 그 덕에 우리 딸 맛있는 거 사줄 수 있잖아."라고 말하던 아빠. '왜 내가 미처 이런 아빠를 못 본 걸까. 조금만 더 일찍 알았더라면' 라는 아쉬움도 들었지만 지금에라도 가정적이고 나를 위해주는 아빠, 본인이 부족한 걸 고치려고 노력해주는 아빠, 자신의 일을 열심히 할 수 있는 사람, 하나의 일을 우직하게 20년 이상 해 온 나에겐 세계 최고의 전문가. 이런 아빠의 모습을 알게 되어 너무 행복하다는 걸 느낀다. 요즘 들어 진로의 고민과 취업의 고민이 있는 흔한 대학생의 고민을 갖고 있는 나에게 아빠는 든든한 지원군으로서 옆에서 "괜찮아! 처음부터 잘 안 풀리면 어때?

인생은 원하는 대로 흘러가지 않을 수도 있어. 그런데 아빠 수도권 대학, 유명하지 않은 대학 나왔지만, 열심히 사니까 10년 이후부터는 보상도 해주더라. 진영아, 아빠는 네가 1학년부터 그런 걱정하지 말고 하루하루 너가 할 수 있는 최대한 열심히 살아보았으면 좋겠어. 동아리를 하든, 공부를 하든, 연애를 하든. 아빠는 대학교 2년을 그저 도피하기 바빴으니까."라며 나에게 든든한 아군이 되어주시는 아빠.

아빠의 이야기를 듣고, 아빠의 삶을 본 나는 다른 자서전, 다른 성공스토리가 굳이 필요하지 않고 앞으로도 필요하지 않을 것 같다. 나에게는 아빠가 성공 스토리고, 가장 닮고 싶은 삶이니까. 더 이상 우리 부녀는 서로 피하는 사이가 아니라 가족으로서 힘든 점을 들어주고, 이해해주고, 슬픈 날 같이 슬퍼해주고, 기쁜 날 같이 기뻐해줄 수 있는 사이가 되었다.

남들이 보면 10년이 넘게 소원한 사이가 그렇게 몇 년 만에 이해하고 응원하는 가족 사이가 될 수 있냐 할 수도 있겠지만, 서로 힘들고 아팠기에 우리 부녀는 서로의 오늘과 내일을 응원하는, 힘들 땐 술 한 잔 하고, 즐거울 땐 같이 맛있는 거 먹으러 가는 사이가 될 수 있었던 것 같다.

오늘도 든든한 아군이자 현실적인 슈퍼맨으로 애쓰고 있는 우리 아빠, 너무너무 사랑한다.

어느 날 지하철을 나오면서

황성현(법학과)

"지하철에서 새치기를 하는 사람들 진짜 싫다!"
"우리도 힘든데 굳이 저런 사람들에게 양보해야 돼?"

최근 들어 지하철을 통해 통학을 하게 된 내가 가장 많이 하는 말 중에 하나이다. 어떤 이들은 이러한 일을 세대갈등이라는 거대한 뿌리로 보기도 하고 어떤 이들은 그저 이기적인 사람들의 행동이라고도 생각한다. 물론 나도 위와 같은 투정을 부모님에게 부리기도 한다. 그럴 때마다 부모님은 내가 감내해야 한다고 이야기해주신다. 우리 부모님도 나이가 많으셔서 노인공경을 받는 위치에 있으시지만 단순히 그러한 이유만으로 노인과 같은 사람들에게 양보하라는 말씀은 하시지는 않는다. 물론 우리나라의 문화상 노인에게 무엇이든지 양보하고 불만을 직접적으로 얘기할 수 없기 때문에 마치 그러한 배려가 권리와 의무처럼 여기는 분들도 많다. 하지만 배려를 받는 입장은 한없이 고마워해야 하고 배려를 하는 입장은 진심으로 행동해야 할 것이다.

그러나 종종 공공시설을 같이 이용하는 분들 중에는 그렇지 않은 분들이 많다. 그럴 때마다 나는 화를 참지 못하고 그러한 분들에게 직접적으로 말을 하게 되는데 그럴 때마다 '예의없다' 라는 말을 들으면서 혼나기도 하였다. 이럴 때마다 나는 아버지에게 달려가 이야기를 하곤 했는데 아버지는 단 한 번도 그들을 비판하지 않으시고 오히려 나를 혼내셨다. 그래서 늘 나의 편이 아니라는 불만을 품곤 하였다.

그러다가 아버지랑 함께 버스를 타게 되었는데 위와 같은 상황이 또 발생하였다. 하지만 대상은 내가 아니라 우리 아버지였고 아버지는 아무 말씀 없이 자리를 양보해주셨다. 자리에 앉은 할아버지는 아직도 화가 풀리지 않으셨는지 계속 아버지를 향해 잔소리를 하셨다. 그럼에도 불고하고 아버지는 온화한 미소를 잃지 않으셨고 그 일로 언짢아하시는 표정도 없으셨다. 누군가를 이해하고 배려할 수 있는 것만큼 힘든 것은 없다. 그래서 나는 이 글을 쓰며 우리 아버지께서 어떻게 살아오셨기에 불평 한번 하지 않고 배려와 양보를 하시면서 사실 수 있었는지 생각해 보게 되었다.

64년에 아버지는 김해에서 태어나셨다. 전쟁 직후에 태어나신 '베이비 붐' 세대이셨기 때문에 매우 가난한 시절이었다. 하지만 할아버지는 지방의 유지로서 꽤 부유한 생활을 하셨다고 한다. 어렸을 때는 보모부터 식모까지 부족함 없는 생활을 하셨고 할아버지의 교육열이 엄청나 그 시절에 여자형제들까지, 자식 모두 대학에 진학시키기도 하셨다. 그렇게 넉넉하게 자라다 보니 그때 당시의 한국의 가난함에 대해서 정확하게 잘 모르셨다. 하지만 대학을 진학하게 되면서 한국의 현실을 온몸의 피부로 느끼게 되셨다. 가난 때문에 학교에 제대로 나오지 못하는 친구, 학교가 끝나고 공장으로 돈을 벌러 갔다가 사고를 당한 친구, 돈을 아끼기 위해서 밥을 굶는 친구들을 보면서 아버지는 자신이 매우 편안한 삶을 살고 있다는 것을 알게 되었다. 한국의 현신을 깨달으신 아버지는 이러한 사회적 약자들을 돕고 빈곤을 타파하기 위해 열심히 운동에 참가하셨다. 하지만 운동에 참여하신 지 얼마 되지 않아 할아버지께서 국회의원으로 출마하시게 되었고 아버지는 할아버지의 반대에 부딪히게 되었다. 아버지는 자신의 친구들의 상황을 보고 할아버지의 출마를 말리셨고 1년간 할아버지로부터 연락을 끊고 지내기도 하셨다. 하지만 할아버지가 과거 일제강점기 때 친일파였다는 의혹을 받아 낙마하시게 되었고 아버지는 그날로 집에 돌아와 할어버지를 위로해 드렸다. 하지만 아버지는 집에 돌아오고 나서도 민주화 운동에 계속해서 참여하셨다. 그러다가 공안에게 현행범으로 체포되어 감옥에 갇히게 되었다. 하지만 할아버지의 인맥으로 감옥에서 아버지만 빠져 나오게 되었고, 그로 인해 아버지는 친구들에게 배신자라는 낙인을 찍히게 되었다. 그리고 할아버지는 다시 한 번 국회의원에 출마하시게 되었고 아버지에게 간절하게 부탁을 하셨다. 국회의원으로 출마하는데 있어서 자식의 운동경력은 큰 흠이 될 수밖에 없기 때문에 할아버지는 아버지의 민주화 운동을 극구 말리셨고 아버지는 할어버지의 청운의 꿈을 위해 결국 자신의 친구들과 사회적 약자들을 외면하실 수밖에 없으셨다. 그 후로 파주에서 교사를 천직으로 삼으셔서 아이들을 가르치는 데 모든 힘을 쏟아 부으셨다. 하지만 여전히 가난한 학생들은 많았고 아버지가 그들 모두를 돕기에는 경제적 부담도 많았고 현실적인 여건도 맞지 않았다. 이로 인해 아버지는 그들을 소극적으로 도울 수밖에 없었다. 그러다가 학교에서 가난한 학생들을 학교에 등교하지 못하게 하는 교칙을 만들었다. 물론 아버지는 이에 대해 매우 강력하게 반대하였지만 학교 측의 압박과 당시 결혼하신 지 얼마 되지 않아 경제적 고민이 많던 시기여서 결국 외면하실 수

밖에 없으셨다. 그때 그 일을 마음에 담아 두고 계셔서 아직도 파주 근처의 있는 아동복지센터에 봉사활동을 다니시고 계신다.

내가 이 글을 쓰기 위해서 아버지의 말씀을 들었을 때, 나는 왜 아버지가 양보와 배려를 할 수밖에 없으셨는지 뼈저리게 느낄 수 있었다. 아버지는 편안하게 삶을 살아오셨을지는 몰라도 아버지의 마음과 정신은 혹독한 고생을 겪으셨을 것이다. 아버지는 온실 속의 화초였지만 바깥의 비바람을 온실 밖의 잡초와 함께 느끼셨다. 아버지는 강하기 때문에 그들을 이해하셨던 게 아니었다. 오히려 나약했기 때문에 그들을 이해할 수 있었고 이해할 수 있었기 때문에 강할 수 있으셨다. 아버지는 자신의 위치가 더 높았던 것이 남을 밟고 올라섰기 때문이었고, 자신이 여유로울 수 있었던 것도 남의 것을 빼앗았기 때문이라고 생각하셨다. 그에 대한 속죄를 지금에서야 하시고 계신 것이다.

그렇다면 아버지는 왜 나쁜 행동을 보고도 화를 내시지 않으셨을까? 분명 아버지는 약한 자들을 외면하시기도 하셨지만 새치기를 하고 배려를 당연한 것으로 여기는 사람들에 대해서는 마땅히 화를 내도 되는 것이 아닌가? 아버지께 이러한 질문을 던져 보았다.

이에 대해 아버지는 나에게 시집 한 권을 건네주셨다. 김수영 시인의 "거대한 뿌리" 였다. 그 중에서 아버지가 쥐구멍에 숨고 싶을 만큼 부끄럽게 한 시가 있다고 하셨다. 바로 "어느 날 고궁을 나오면서"였다. 자신도 시의 화자처럼 약한 자들을 외면하고 작고 사소한 일에만 분개했던 것이 아닌가 생각하셨다고 한다. 오히려 화를 내고 분노해야 하는 사회적이고 큰일에는 침묵하고 묵인한 것이 아니었나. 아버지는 그 시를 읽고 그 어떤 일에도 쉽게 화를 내지 못하게 되었다고 하셨다. 자신은 이미 독재정권과 민주화에 침묵하고 경제적으로 힘든 아이들을 적극적으로 돕지 못하였다. 그로 인해 자신은 이미 졸렬하고 옹졸한 사람이 되었다고 하셨다. 따라서 지하철에서 자리를 빼앗는 노인들에게, 치사하게 새치기를 하는 젊은이에게도 화를 내지 못하게 되었다고 하셨다.

아버지는 그런 사람들에게 분노하고 화를 내야하는 것이 아니라 그들을 그렇게 졸렬하고 옹졸하게 만든 사회구조와 사람들에게 화를 내야한다고 생각하시는 것이다. 그들에게는 모든 것을 양보하고 배려할 수 있지만 그렇게 만든 사람과 구조에 대해서는 열렬히 분노해야 한다는 것이다.

그래서 아버지는 평상시에 화를 내시는 경우가 거의 없다. 옛날부터 상선약수라는 말이 있다. 불은 큰 것부터 사소한 것까지 모두 태워 없애고 공기는 모든 것을 분별없이 품는다. 하지만 물은 무거운 것은 가라앉히고 가벼운 것은 띄운다. 그래서 우리는 물에 빠져 죽기도 하지만 그 위에 떠서 물놀이를 할 수 도 있다. 그래서 지하철을 탈 때마다 아버지가 건네주신 시의 시구가 생각난다.

"왜 나는 조그만 일에만 분개하는가?"

물론 그들에게 무조건적으로 배려하고 양보하는 아버지가 답답하고 한심해 보일 수도 있다. 하지만 나는 이러한 아버지의 삶이 자신의 삶에 대한 속죄라고 생각한다. 그래서 작은 일에 분노하고 큰 일에는 침묵하는 소시민적인 삶을 살고 있는 나를 포함한 많은 이들에게 큰 도움을 줄 수 있을 거라고 생각한다.

내 인생의 주춧돌!

2장

어머니와 만나다

어디에나 있는 특별한 삶

남경민(전자공학과)

삶은 우리에게 끊임없이 선택을 요구한다. 작게는 고민사거리에서 친구들과 먹을 점심을 고르는 것부터 시작해서 크게는 대학의 학과를 결정하는 것은 물론 이 글의 제목을 결정하는 것 또한 선택의 일종으로 볼 수 있다. 이러한 선택 중에는 쉽게 할 수 있는 것도 있고, 선택하기에 매우 까다로운 것도 있다. 옳은 선택이 무엇인지 혼자 고민하면 답답하기 그지없다. 심지어 대부분의 것은 선택한 것이 옳은지 조차 판별하기 힘들다. 그러나 우리는 우리보다 먼저 우리가 고민했던 문제를 해결하면서 삶을 살아 간 선배들이 존재한다. 특히 그중에서도 우리와 가장 비슷한 고민을 하며 살아왔을 분들이 존재한다. 부모님이다. 부모님의 삶을 듣는 것만으로도 많은 것을 얻을 수 있을 것이라 판단한 나는 나보다 정확히 30살 나이가 많으신 어머니께 어머니의 삶에 대한 이야기를 들어보기로 결심했다. 나는 김치를 담그시던 어머니께 찾아가, 조용히 말을 꺼냈다.

"엄마, 엄마 어릴 적 이야기 해주세요."

초등학교에 다니던 시절, 어머니는 매일 아침 집에서 키우는 닭에게 쫓기는 걸로 시작하셨다. 그 당시, 동물들은 대부분 풀어서 키우는 것이었는데, 닭도 마찬가지였다. 그러나 집에서 키우던 닭은 유독 어머니만 보면 달려들어 어머니를 괴롭혔다고 한다. 이렇게 닭에게 쫓기며 하루를 시작하신 어머니는 공부성적은 중간정도였으며, 큰 일 없이 하루하루를 보냈다고 하셨다. 그때는 학교에서 급식을 먹는 경우가 드물었고, 주로 학교에 도시락을 싸갔다고 하셨다. 도시락에 대한 이야기를 하시면서 그 때 별의 별 음식을 다 먹어 봤다며. 참새, 개구리 뒷다리 등도 먹어봤는데 생각보다 양이 없다고 말하시며 웃기도 하셨다. 그러면서 당시 담임선생님이 자취를 하고 계셨는데, 어린 마음에 그게 너무 신기해 자주 놀러가서 밥을 얻어먹었다고 하셨다. 그렇게 하루가 끝나면 집으로 돌아가면서 버스비 대신 군것질거리를 사, 군것질을 하면서 친구들과 수다를 떨며 집으로 돌아왔다고 하셨다. 오빠와 언니부터 할머니 할아버지까지 대가족이 함께 살았는데, 닭 이외에도 개, 고양이, 소, 돼지 등 안 키우는 동물이 없었다. 특히 강아지는 잘 때 누가 안고 잘 것인지를 두고 자주 싸울 정도로 인기를 독차지했다고 한다. 이 시절에 강아지를 키운 기억 때문에 어머니께서는 아직도 개고기를 안 드신다고 한다.

고등학생이 되면서부터 어머니께서는 언니와 함께 자취를 시작하셨다. 자취를 하게 된 가장 큰 원인은 다름 아닌 버스 때문이었는데, 그 때 집과 고등학교를 잇는 버스는 단 한 대밖에 없었다. 그런데 그 버스는 콩나물시루 마냥 사람이 가득 차, 매일 등교 하는 데에 무리가 있어서 자취를 하게 되었다고 한다.

버스를 타고 가는 도중 일어난 일이다. 그 때도 평소와 같이 버스를 타고 가시던 어머니는 문뜩 불쾌해졌다. 가방은 멀쩡히 있는데, 등에서 불쾌감이 느껴졌기 때문이다. 당장 확인하고 싶었지만, 사람이 너무 많아서 기다리기로 했다. 버스에서 내린 어머니는 기절할 뻔했다. 왜냐하면 교복에 반찬 국물이 묻어있었기 때문이다. 버스가 흔들리며 도시락 통이 가방 안에서 엎어진 것이다. 그 일이 있고 일주일 뒤, 어머니는 기어코 외할머니에게서 언니와 함께 자취하는 것을 허락 받았다.

그렇게 시간이 흐르고 고등학교를 졸업 해, 어머니께서는 직장에 취직하셨다. 처음에 이 일에 적응하는 것이 힘들었다고 하셨다. 직장일 자체가 고되기도 했지만, 처음으로 하는 일이어서, 잘 익숙해지지 않으셨다는 것이다. 어머니께서는 취직하면서 고향인 당진에서 서울로 올라오셨는데, 이 때 처음 미팅을 나가 보는 등 다양한 경험을 하셨다. 그러나 제대로 남자와 만나본 경험은 없었고, 아버지와 처음 만난 것도 27세가 되던 때였다고 하셨다. 이 당시의 이야기에 관해서는 아버지와 어머니가 서로 다르게 말하시지만, 어머니의 이야기로는 아버지의 열정적인 사랑과 고백으로 28세가 되던 해에 직장을 그만두고 결혼하셨다는 것이다. 그리고 29세가 되는 해에 형을, 31살이 되던 해에 나를 낳으셨다.

내가 태어나고 나서의 이야기는 나도 어느 정도 기억나는 이야기를 말씀해 주셨다. 계속 직장에 다니시던 아버지는 어머니가 36세가 되던 해에, 인천에서 부천으로 이사를 와서 자영업을 시작하셨다. 어머니는 아버지와 같이 자영업을 시작하시며, 처음에는 손님이 올까 벌벌 떨곤 하셨다고 한다. 어머니는 그 때 위안이 되는 존재가 나라고 말씀하셨다. 물론 자는 내 얼굴만 봐도 기운이 나기 때문은 아니었고, 내가 자주 어머니의 직장에 놀러갔기 때문이다. 엄격한 아버지를 피해서 가게로 찾아가 어머니께 재롱을 부리고 용돈을 받았는데, 그게 어머니께도 큰 위안이었다고 하셨다. 이후로 자전거를 타는 취미도 갖게 되고, 가게에서 아줌마들끼리 수다도 떨면서 행복하게 보냈다고 한다. 그리고 어느새 두 자식들 모두 대학을 보내니 50세가 되었다고 하셨다.

내가 지금까지 살아온 20년과, 어머니께서 살아오신 20년은 많이 달랐다. 내가 컴퓨터 바이러스로 골머리를 썩일 때, 어머니는 닭 때문에 골머리를 썩였고, 성적이 주된 문제였던 나에 비해 어머니께서는 성적에 크게 관심을 두지 않으셨다. 나와 형 모두 제대로 대학을 나온 만큼, 상황과 여건만 되었다면 어머니께서도 훌륭히 대학에 진학 할 수 있으셨을 거라는 아쉬움이 남는다. 20살 이후로 어머니는 직장을 얻고, 아버지를 만난 것 이외에 크게 새로운 이야기는 해주지 않으셨다. 직장 일을 열심히 하며 세월을 보내니, 아버지를 만나게 되었고, 결혼을 하고 세월을 보내니 어느새 오늘 이렇게 내가 부모님께 질문을 하고 있다고 말씀하셨다.

어머니의 인생은 다른 사람들과 크게 다르지 않은 평탄한 삶이었다. 삶이란 다르다고 하면 그 어떤 누구도 평범하지 않고, 같다고 하면 누구도 다르지 않지만, 뉴스에 나올 만한 정치, 경제, 사회적 활동을 하거나, IMF 등의 사건에 영향을 주는 행동을 하는 등의 일을 하지 않았다는 점에서 평탄한 삶이라는 것이다. 어머니는 나의 이러한 평가를 들었을 때 별로 마음에 들어 하지 않으셨으나, 나는 이것으로 좋다고 생각한다. 사회적 문제가 생겼을 때 모두 함께 해결하고, 경제적으로 호황일 때 모두 함께 웃을 수 있는 삶은 가장 평범하지만, 가장 편안하기도 하다. 선배가 가지 말라고 하는 길로 가지 않고, 친구가 쉴 때 같이 쉬고, 후배들에게 자신의 방법을 알려주는 것이 가능해, 자신의 위치를 알고, 방향을 잡을 수 있는 삶 또한 평범한 삶이다. 그리고 무엇보다 어머니는 사회적으로는 주부 한 명이지만, 내게는 특별한 단 하나뿐인 어머니이다. 그래서 나의 평가를 마음에 들지 않아하셨던 어머니께 다시 평가를 들려 드리고자한다.

"어머니의 삶은 평범하고 특별한, 행복한 삶입니다."

함께하는 청춘 : 이제 당신 곁에 제가 있을게요

남다윤(국제무역학과)

세상에서 유일하게 한 몸을 공유했었고, 평생을 함께한 가장 가까운 사이. 그럼에도 불구하고 어머니로서의 그녀만을 알고, 알고 싶어 했던 나에게 감히 그녀의 삶을 평가하라는 것은 매우 어려운 일이다. 그리고 그녀의 생각과 가치관, 생활양식을 평생 배우고, 공유하며 살아온 내가 그녀의 삶을 주관적으로 평한다는 자체가 일종의 모순일지도 모른다. 하지만 이제 '어머니'가 아닌 성숙한 제2의 '청춘' 을 찾고자 하는 그녀이기 때문에 나는 같은 '청춘'을 살고 있는 동등한 관계로서 그녀의 삶을 되짚어볼 용기를 냈다. 나의 어머니 또한 '청춘' 이었음을, 내가 외면하려 했던 진실 속 그녀의 발자취를 따라가 보려 한다.

아버지는 그녀가 얼굴만 겨우 기억날 만큼 어린 나이에 돌아가셨다. 홀로 5남매를 키우는 어머니를 보며 그녀는 하루라도 빨리 어른이 되고 싶었다. 마흔이 훌쩍 넘어 얻은 늦둥이인 그녀는 온 집안의 귀여움을 받는 귀한 아이였지만, 아버지가 돌아가신 후엔 아들이 아닌 어린 여자아이는 손이 많이 가는 천덕꾸러기일 뿐이었다. 20살

터울의 큰 오빠가 일찍 취직을 해 집안의 가장 노릇을 했기 때문에 배곯는 일은 없었다곤 하지만 넉넉한 형편도 아니었다.

그녀는 법적 성년이 되자마자 당시 여자로서 가질 수 있는 직업 중 비교적 고소득 직업인 골프장 캐디 일을 시작했다. 적성에도 잘 맞았다. 또래의 캐디 친구들과 취미 삼아 골프를 배우면서 아마추어 골프 대회까지 나갈 정도로 실력이 좋았다. 처음으로 가지게 된 취미였고, 처음으로 꿈이 생겼다. 골프 선수가 되고 싶었다. 하지만 그녀는 현실을 직시하고, 체념했다. 그녀에게 골프장은 일터일 뿐, 골프장 필드를 자유롭게 노닐 수 있는 여유는 없었다.

그녀는 빨리 가정을 꾸리고 싶었다. 23살, 그녀는 친구의 소개로 만난 남자와 결혼을 했다. 기댈 수 있는 사람이었다. 결혼 후, 바로 첫아이를 가졌다. 아이를 낳고도 캐디 일을 계속하며 그 당시에는 흔치 않던 맞벌이를 했다. 안정적인 직장을 가진 남편과 맞벌이를 하며 벌어들이는 소득은 꽤나 많았다. 그녀는 자신이 포기해야만 했던 것, 욕심낼 수 없었던 것들을 딸에게 해주고 싶었다. 일은 고달팠지만 경제적 여유에서 비롯된 자유로움은 컸다.

33살, 그녀는 늦둥이 아이를 갖게 되었다. 첫아이와 무려 10살이나 차이 나는 아이였다. 아이 욕심이 없던 그녀는 고민했다. 그 당시까지 사회에 완연했던 남아선호사상에 따라 그녀는 아이의 성별을 알려주지 않는 병원 대신 점을 보러 갔다. 점을 본 무당은 뱃속 아이가 남자아이라고 했다. 그렇게 내가 태어났다. -후에 이 이야기를 들은 나는 기분이 묘했지만, 기분이 나쁘진 않았다. 그녀는 나를 딸이라고 해서 차별하지 않았다- 모두가 아들이라고 생각했던 아기가 딸이라는 사실에 놀랐지만, 큰 실망은 하지 않았다. 어쨌든 그녀의 아이였고, 자신과 마찬가지로 늦둥이로 태어난 아기에게 더 신경이 쓰였다. 하지만 첫아이 때와는 달랐다. 그녀의 남편은 더 이상 그녀가 기댈 수 있는 사람이 아니었다.

그녀는 홀로서기를 시작했다. 여자 혼자 아이 둘을 키우는 것은 사회적으로도, 경제적으로도 매우 힘겨운 일이었다. 하지만 그녀는 어린 시절의 자신처럼, 아이들을 천덕꾸러기로 만들고 싶지 않았다. 조용하던 그녀의 성격은 온갖 일을 하며 커진 목소리와 함께 대차게 변했다. 기대어 쉴 곳이 필요했던 그녀는 아이들이 기댈 수 있는 큰 나무가 되었다. 지치고, 힘든 생활이었지만 그녀는 한 번도 아이들에게 힘든 티를 내지 않았다. 소위 '없는 집 자식' 이라는 소리를 듣지 않도록 아이의 학교 준비물, 옷, 신발은 항상 신경을 쓰며 챙겼다. 늦둥이 딸도 그런 그녀의 마음을 알았는지 항상 바쁜 그녀에게 투정 한번 없이 잘 자라주었다. 집 밖은 치열한 잿빛 세상이었지만, 집 안은 평온한 쉼터가 되었다. 아이들이 없었다면, 그녀는 스스로 나무가 될 생각을 못하고 또다시 기댈 누군가를 찾았을 것이다.

세월은 빨랐다. 원피스와 투피스가 가득하던 그녀의 옷장은 편한 티셔츠와 반바지로 채워졌다. 마냥 아기일 것 같았던 늦둥이 딸도 어느새 훌쩍 자라 스스로 대학을 가지 않고 취업을 하겠다고 선언했다. 그녀는 최악의 상황에서 시작한 홀로서기를 성공적으로 마쳤다. 이제 그녀는 혼자가 아니다. 평생을 함께할 동반자들이 있다.

도전하고, 배우고, 부딪혀라. 속칭 '어른'들은 내게 말했다. "24살, 그래야 할 나이잖니. 청춘이잖아" 그래, 청춘. 나는 더 나이가 들기 전에 내 인생에서 무언가를 이루어야 한다는 압박감이 들었다. 나는 배움을 선택했다. 19살, 또래보다 일찍 시작한 사회생활은 나에게 '청춘'의 상실감을 느끼게 했다. 나는 그 상실감을 청춘의 상징, 대학교를 다님으로써 충족시키기로 했다. 내가 상상한 싱그럽고, 활기찬 캠퍼스는 아니었다. 공부에 지친 학생들이 귀가하는 어둑어둑한 평일 저녁, 학생들이 아닌 동네 꼬마 아이들이 뛰노는 주말 낮의 캠퍼스. 하지만 나는 그 속에서 '청춘'을 느낀다. 학업과 업무의 스트레스는 동기들과의 술 한 잔, 여행, 맛집 탐방으로 날려버린다. 24살, 나는 청춘을 살고 있다.

내가 나의 청춘을 찾은 24살, 나와 동갑이었던 그녀는 청춘을 상실하고 엄마가 되었다. 싱그럽고 빛나는 24살, 그녀는 한 아이의 인생을 짊어져야 하는 책임감을 가진 '어른'이 되었다. 아무도 그녀에게 도전해라, 배워라, 부딪혀라 말하지 않았다. 그녀의 꿈은 본인이 아닌 그녀 아이의 꿈이 되었다. 하지만 그녀 스스로 선택한 삶이었다. 결혼을 한 것, 엄마가 된다는 것 자체가 청춘으로서 그녀가 선택한 크나큰 도전이었고, 독립이었을지 모른다.

이후 그녀 삶의, 그녀의 도전의 결과에 대해 나는 감히 평가하지 못한다. 내가 바로 그 도전의 현재 진행 형인 결과물 중 하나이기 때문이다. 다만, 내가 과거로 갈 수 있다면, 과거의 그녀를 만날 수 있다면 나는 그녀에게 현재의 청춘을 살라고 말하고 싶다. 당신은 굳세고 강한 사람이라고, 누군가에게 기대지 않아도 당신 스스로의 길을 찾을 수 있을 것이라고 말해주고 싶다. 그녀의 도전으로 태어날 나보다, 나의 어머니의 청춘과 그 도전으로 인해 겪을 상처를 겪지 않는 것이 더 중요하기 때문이다. 하지만 불가능한 일이다. 이미 돌이킬 수 없는 과거가 되어버렸다. 남은 것은 미래를 바꾸는 것뿐이다.

나와 그녀는 닮은 점이 많다. 늦둥이로 태어난 딸이라는 점과 경제적, 생활적 여유를 느끼지 못하고 자란 점, 그리고 하루빨리 독립을 하고 싶어 했던 점이 그러하다. 그녀의 발자취를 따르다 보면 24살 이전까지의 나와 비슷한 발자국이 많다는 것을 느낀다. 다만, 24살이 되어 나는 나의 청춘을 찾았고 그녀는 어른이 되었다는 점에서 발자국이 갈라진다. 내가 나의 청춘을 찾은 것은 그녀의 도움이 컸다. 19살, 일찍이 어른이 되려 했던 내게 꾸준히 "도전해라, 배워라,

부딪혀라"라고 조언한 것은 바로 그녀였다. 어려운 형편이었지만 내가 원했다면, 그녀는 배로 고생하며 나의 도전을 응원해주었을 것이다. 하지만 나는 그녀와 닮은 그녀의 딸이었다. '나'의 도전보다 그녀, 우리 가족의 여유가 더 중요했다. 15년 만에 처음으로 적금을 들었다며 기뻐하는 그녀를 보며 나는 내 선택이 매우 뿌듯했다. 그리고 우리 가족에게 다시 여유라는 빛이 스며들었을 때, 그녀는 나에게 다시 이야기를 꺼냈다. 도전하라고 말이다. 어쩌면 그녀에겐 나의 '선택'이 '희생'으로 비쳤을지도 모른다는 생각이 들었다. 우리 가족에게 여유라는 느긋함이 생겼지만, 그녀의 가슴 한편엔 못해준 것에 대한 묵직한 미안함이 존재했던 것 같다.

나는 그녀의 조언에 따라 나의 청춘을 찾기로 했다. 그리고 동시에 그녀의 청춘도 찾아주기로 결심했다. 그녀는 올해 정년퇴직으로 회사를 그만뒀다. 이제 그녀에겐 가난도, 의무감과 책임감을 가질 어린 자식도 없다. 드디어 그녀 하나만 생각할 수 있는 때가 온 것이다. 나는 지금도 망설이고 있는 그녀에게 "도전해라, 배워라, 부딪혀라"라고 말해줄 것이다. 청춘은 나이와는 상관없다. 스스로 자신의 꿈을 가질 수 있을 때, 목표를 가지는 바로 그때가 청춘이 아닐까.

나는 그녀의 곁에서 그녀의 청춘을 응원하며 함께 청춘을 즐길 것이다. 또한 그녀가 포기한 청춘이 아깝지 않도록, 그녀의 도전이 실패하지 않도록, 그리고 나의 청춘이 빛나도록 나의 인생을 살 것이다. 그녀와 내가 함께할 우리의 청춘이 기대된다.

꽃이 아니었던 적이 있던가

박경주(문예창작학과)

"그냥 그게 아쉬운 정도..." 그녀는 자신의 인생사를 들려줄 때마다 종종 이런 말을 내뱉곤 했다. 다른 곳에 집중하면 듣지 못할 정도의 흘러가는 소리였지만 그 작은 소리가 내겐 너무나도 크게 다가왔기에 나는 그녀의 '아쉬움'에 대해 자세히 들어보기로 했다. 그녀의 이야기를 듣고 난 지금, 여전히 나는 그녀의 '아쉬움'을 가늠 정도만 할 수 있었고 앞으로도 그럴 수밖에 없을 것이라고 생각했다. 그녀의 '아쉬움'을 온전히 이해하기엔 세상은 너무나도 변했고 그녀마저도 변해버린 세상에 자연스레 순응하고 있었기 때문이다. 그럼에도 내가 이 글을 남기고자하는 건 그녀가 지닌 아쉬움이 결코 아쉬움에 그치지 않았다고 생각하기 때문이고, 그녀 스스로도 '아쉬움'을 아쉬움으로 그치지 않기를 바래서다.

1971년 무더운 여름이었다. 경북에서 토지 유지를 하시던 어머니와 서울의 땅 부자셨던 아버지 사이에서 태어난 그녀는 집안의 유족함에 들어맞게 4kg의 우량아였다. 유년시절, 정확히 말하면 중학교 이전까지 그녀의 삶은 풍요로움 그 자체였다. 마당 딸린 넓은 한옥에서 뛰어놀고 매일같이 학교를 태워다주시던 기사 아저씨의 미소가 그녀가 기억하는 그 시절의 추억들이었다. 초등학교 6년 동안 그녀는 빠짐없이 반장을 해왔다. 욕심이 많아 뭐든 잘하고 싶어 했다. 특히 그녀는 손재주가 좋았는데 그림을 무척이나 잘 그렸다. 남들보다 키가 작았지만 그녀는 아이들이 항상 올려다보는 그런 대상이었다.

풍족함이 그녀의 삶을 뒤덮어 갈 때 즈음, 저편에선 아버지의 사업실패가 그녀의 삶에 이변을 일으킬 준비를 하고 있었다. 중학교 1학년, 사춘기와 동시에 그녀의 집안은 폭삭 망했다. 누구도 그녀의 집안이 그렇게 될 줄 상상도 못했지만 그녀의 집안은 어느 누구의 집안보다도 망해버렸다. 빚잔치를 거하게 치루고 넓은 기와집을 뒤로한 채 그녀는 남동생 둘을 포함한 5명의 식구와 함께 방 한 칸과 주방 한 칸이 전부인 반 지하로 들어섰다. 그녀는 갑작스럽게 변한 환경에 적응하기 힘들었고 자연스레 소극적이게 되어버렸다. 햇살이 완벽하게 그녀를 비추었던 한옥과는 다르게 반 지하는 그녀의 몸을 절반만 비추었다. 어두워져버린 그녀의 절반이 중학교 이전과는 정반대일 앞으로의 삶을 분명하게 대변해주었다.

집안이 망한 이후 그녀는 성공에 대한 집착이 강해졌다. 중학교 1학년이라기엔 너무나도 철이 든 생각이었지만 그녀가 살았던 환경이 그녀를 그렇게 만들었다. 눈 밑에 치약을 바르고 얼음물에 발을 담가가며 공부한 기억, 그게 중학교 시절 그녀가 떠올린 전부였다. 한 번도 배워본 적 없지만 미술 선생님이 예고 진학을 추천해줄 만큼 그녀의 그림 실력은 남달랐다. 하지만 그녀의 처지에 예고는 사치에 불과했고 가고자 하는 의지조차 감히 가질 수 없었던 무기력한 환경이 그녀가 처한 현실이었다. 그렇게 그녀는 외고에 진학했다. 어머니는 그녀가 일반고에 진학해 좋은 성적으로 대학에 가길 원했지만 그녀는 강박처럼 '성공'에 대한 집념에 눌려 외고에 원서를 넣었고 중어중문학과에 합격했다. 하지만 외고에서 그녀가 마주한 현실은 성공을 위해 거쳐야하기엔 너무나도 가혹했다. 외고를 다니는 학생들 대부분은 흔히들 말하는 '사'자 집안의 자제들이었고 온갖 과외와 유학 이력들이 그녀와의 불가피한 차이를 만들었다. 아무리 노력해도 좀처럼 좁혀지지 않는 괴리감이 그녀를 점점 힘들게 했고 그럴수록 그녀의 머릿속에서는 그림 생각이 아지랑이처럼 피어났다.

고등학교를 마친 뒤 그녀는 의류학과에 진학했다. 일러스트와 텍스타일 수업을 받으면서 졸업반이 되기 직전, 그녀는 취직을 먼저 했다. 치열한 경쟁률을 뚫고 유명한 부티크에 말단직원으로 일하게 된 것이다. 좋은 일자리에 취직했다고 생각한 그녀는 점점 그녀가 생각하는 성공에 다가가고 있다고 믿었다. 그리고 미술은 아니더라도 자신이 좋아하던 '예술 분야'의 직업을 가졌다는 생각으로 위안을 얻은 듯 했다. 하지만 그곳에서의 생활은 여태껏 그녀가 겪어온 삶들과 별반 다를 것이 없었다. 아니 더했으면 더했다. 하루의 시작과 끝은 언제나 대걸레질이었다. 엄격한 복장 규정 탓에 뒤꿈치는 구두에 쓸려 까져있기 일쑤였다. 온갖 장신구로 치장한 영화배우나 탤런트들을 보면서 그들이 입을 옷을 열댓 개씩 어깨에 짊어지고 허겁지겁 뛰어다니는 모습은 그녀가 더한 괴리감을 느끼기에 충분했다. 그녀에게 있어 그들은 별이었고 같은 별이었을지라도 자신은 먼지였다.

고단한 생활은 그녀의 의지와 상관없이 이어졌다. 시간은 의연하게 흘렀고 그녀는 어느새 어엿한 디자이너가 되었다. 그녀의 부모님도 새로 시작한 옷장사가 번창해 경제적으로도 점차 나아지고 있었다. 밑바닥에부터 다시 시작한 그녀의 삶이 미세하게나마 상승선을 탄 느낌이었다. 그러던 중, 회사의 권유로 보게 된 자동차 운전면허

시험장에서 우연히 지금의 남편을 만났다. 그녀는 2년 반의 연애 끝에 과감히 부티크를 그만두고 그와 결혼했다. 그녀의 나이 스물 넷이었다. 결혼을 하기는 그 당시에도 이른 감이 있었지만 그녀는 그의 악착같은 생활력이 마음에 들었다. 디자이너의 자리까지 오른 부티크에서의 생활에 미련은 없었다. 그녀가 줄곧 느껴온 세상에 대한 원망과 괴리감이 디자이너의 자리에서 누린 '성공'의 대가만으로 포장되기엔 너무나도 깊고 가혹했기 때문이다. 세상이 무너져도 자신의 가정만은 지킬 수 있을 것 같은 그의 강인함에 이끌려 그녀는 자신의 자리를 포기하고 새로운 가정을 등에 업었다. 그리고 얼마 되지 않아 아들 하나, 딸 하나를 낳았다. 아이들이 생긴 후 그녀는 온전히 그들만을 위한 삶을 살았다. 그녀의 하루는 자식들을 기준으로 쪼개졌고 '그녀만의 시간'은 있는 듯 해보였지만 분명 그것은 허상에 불과했다. 그렇지만 결코 불행해하지 않았다. 이 대목은 그녀가 가장 강조한 부분이다. 훌쩍 커버린 자녀들이 그녀의 흘러간 세월을 보여주는 지금, 그녀의 가정은 누구보다 단란하고 그녀의 유년시절처럼 풍족하다. 그녀가 그토록 하고 싶었던, 그럼에도 내색할 수 없었던 그림을 그리는 일도 지금은 취미로나마 하며 가끔씩 전시회를 열곤 한다. 그렇게 그녀는 남부럽지 않은 마흔 여섯의 현재를 살고 있다.

돌이켜보면 그녀의 삶에 그녀는 없었다. 그녀가 그렇게 말했고 실제로도 그랬다. 미술가의 삶을 살아가고 싶었던 지난날의 꿈들은 장녀로서 짊어져야 했던 책임감에 묻혀야만 했다. 결혼을 한 이후에도 그녀의 삶은 온전히 자식들에게 바쳐졌다. 그녀가 삶의 기쁨이나 슬픔을 느낄 때면 그 뒤엔 언제나 자식이라는 존재가 함께 했다. 그러한 삶이 어떻게 느껴질지는 그녀만이 알 테지만 그녀의 표현을 빌리자면 그것이 아마도 그녀가 말하는 '아쉬움'일 것이다. 종종 그녀에겐 남들과는 다른 배려심이 느껴졌다. 좀 과하다 싶을 정도의 배려였다. 돌이켜 생각해보니 그런 성품은 그녀가 단지 원해서 갖게 된 것이 아니었을 것 같다는 생각이 들었다. 그건 아마도 세월의 풍파에 부딪혀 녹아버린 그녀의 의지일 것이다. 그 의지는 누군가 감히 평가할 수 있는 것이 아니라고 생각됐다.

이 이야기를 위해 기억을 더듬으며 눈시울이 빨개지곤 했던, 그러다가도 딸아이를 보며 다시금 미소 지었던 그녀의 모습을 잊을 수 없기에 나는 그녀에게 이 시를 바쳐본다.

한때 꽃

민병도

네가 시드는 건
네 잘못이 아니다

아파하지 말아라
시드니까 꽃이다
아닌 적 있던가.

꽃이 저문 아쉬움에 슬퍼하지 말았으면 좋겠다고 그녀에게 말해주고 싶다. 꽃이 저문 까닭은 그 자리에 그녀와 같은 새 꽃이 피어날 자리를 마련해주기 위한 것뿐이라고. 그 아쉬움이 도로 꽃이 되어 피어날 테니 아쉬움을 아쉬움이라 간직하지 말라고. 그러기엔 그녀가 피어났던 자리가 너무나도 아름다웠다고 그녀에게 말해주고 싶다.

당연하지 않은 삶
-1980년 18살의 어머니에 대하여-

범문영(사학과)

엄마는 사진이 별로 없었다. 4권이나 되는 가족 앨범에서 엄마의 사진은 손에 꼽았다. 그나마 있는 사진들도 모두 어린 나나 언니를 안고 있는 사진이 대부분이었고 결혼하기 전의 사진은 본 적도 없었다. 때문에 나는 어린 엄마의 모습을 쉽게 상상하기 힘들었을 뿐 아니라 엄마에게 '어린 시절'이 있거나 '젊었을 적'이 있을 거라는 생각 자체를 해본 적이 없었다. 중년 여성으로서의 엄마밖에 몰랐던 고등학교 때, 어느 날 이사 준비를 하며 앨범을 정리하던 나는 다른 사진에 겹쳐 끼워져 미처 보지 못했던 한 장의 사진을 발견했다.

사진 속에는 커트 머리에 헤드폰을 쓴 채로 가만히 눈을 감고 있는 엄마가 있었다. 소녀라 하기엔 성숙하지만 어른이라 하기엔 앳되어 보이는 엄마의 모습은 충격적이었다. 사진 속 엄마는 '나의 엄마'가 아닌 한 사람 '신영란'이었기 때문이었다. 말갛고 하얀 피부에 벚꽃이 내려앉은 듯 연한 분홍빛을 띤 볼, 금방이라도 터질 것 같은 웃음을 입꼬리에 문 그 모습은 지금의 엄마와는 조금 비슷하지만 다른 무언가가 있었다. 지금도 엄마는 크고 예쁜 눈, 도톰한 애교살, 작은 얼굴 안 가득히 환한 빛을 갖고 있지만 장난기를 담은 입꼬리는 조금 무거운 입꼬리로, 말갛고 하얀 피부에는 웃는 모습 그대로 잔주름들이 자리를 잡았다. 이제 사진 속 엄마와 비슷한 나이가 된 나는 조심스레 엄마의 어렸을 적 삶을 들여다보고 싶다는 생각이 들었다. 나보다 조금 어렸을 때의 엄마는 어떤 느낌이었을까? 순진무구한 아이 같은 사람이었을까, 똑 부러지게 할 말 다 하는 똑순이었을까, 묵묵히 자기 할 일을 하는 사람이었을까. 엄마의 어린 시절, 엄마가 아직은 '엄마'가 아니었던 시절의 신영란씨 한 사람의 이야기를 써 보고 싶어졌다.

1963년 광주광역시 변두리, 그야말로 '찢어지게 가난한' 집안 5남매의 셋째이자 큰 딸로 태어난 엄마는 철이 일찍 들었다. "큰 딸은 살림 밑천이다"라고 반 농담 반 진담으로 말하던 시기였고 몸이 약하게 태어난데다 용한 점쟁이가 명이 그리 길지 않은 아이라 말한 탓에 외할머니는 일찍이 엄마를 포기했다. 그럼에도 엄마는 꿋꿋이 살아남았고, 자신의 몫 그 이상을 해내는 아이가 되어 인정받기 위해 일찍 철이 들었다. 어린 시절, 엄마의 집은 너무나 가난했다. 학교에 가 있는 사이에 비가 오면 집이 물에 잠길까 발을 동동 구르다 학교가 끝나자마자 뛰어가 집안 가득 잠긴 물을 퍼내는 수준이었다. 그런 집안 형편 때문에 밤낮으로 일하는 부모님을 대신해 엄마는 집안일을 책임질 수밖에 없었다. 하루가 멀다 하고 사고를 치기 일쑤인 첫째 오빠와 수재라 불릴 만큼 공부를 잘했던 둘째 오빠를 뒷바라지 했고 연이어 태어난 동생들을 성심성의껏 보살폈다. 무려 초등학교 때부터 김장을 한 사람은 몇이나 될까? 아마 얼마 되지 않을 것이다. 그리고 그 얼마 되지 않는 사람 중엔 엄마가 있었다. 김장뿐 아니라 빨래, 청소, 요리 등 집안일은 엄마가 커갈수록 점점 엄마의

몫이 되어갔다. 그러던 1980년, 엄마가 18살이었을 때

"너희 둘째 외숙은 공부를 잘했지만 서울대에 떨어졌었어. 그래서 결국 다니던 대학을 휴학하고 서울로 재수를 하러 갔지. 그 때 너희 외할머니도 둘째 오빠의 뒷바라지를 한다고 훌쩍 같이 가버리셨어……. 그 때 엄마 기분? 엄마는… 참담했어. 이제 정말 집안 모든 일을 오롯이 엄마가 책임져야 한다고 생각했거든. 엄마는 첫째 딸이니까… 소녀가장이 된 기분이었지."

처음엔 밤마다 서러워서 눈물을 주룩주룩 흘리셨다. 그러나 해가 뜨면 엄마는 여지없이 부엌에서 외할아버지를 포함한 5명분의 식사를 차리고 도시락을 쌌다. 집안일을 정리하고 나면 언제나 시간이 늦어 지각을 했기 때문에 등굣길을 항상 뛰어다녀야 했다. 중·고등학교 내내 이불에서 나오기 싫어 엄마에게 칭얼거리고 그 잠 때문에 지각을 할 뻔했던 나와는 대조되는 모습이었다. 대학교에 들어오기 전까지 절대 스스로 일어나는 법이 없었고 오히려 혼자 일어나는 경우엔 칭찬을 해 달라, 떼를 썼던 내가 한없이 어려 보였다. 또 엄마가 커피가 먹고 싶다고 졸라야 가끔 커피를 내려 드리면서 '엄마 딸은 효녀다!'라고 생색을 내곤 하는 내가 부끄러웠다. 무엇보다도, 최근에야 깨달은 것이지만 나는 엄마를 닮아 피부가 매우 약하다. 겨울에 쉽게 트고 심하면 손의 피부가 벗겨지기도 한다. 물이 많이 닿으면 남들보다 금방 습진이 생기고 밤새 손이 아리다. 처음 아르바이트를 시작할 때는 손이 아파서 잠을 이루지 못할 때도 있었다. 바꾸어 말하면, 엄마도 그랬다는 것이다. 나보다 훨씬 어렸던 때, 따뜻한 물도 나오지 않는 어려운 환경에서 엄마는 손을 호호 불어가며 밥을 하고 설거지를 했다. 얼음을 깨어야 나오던 물은 엄마의 눈물 때문에 녹곤 했다. 아픈 손을 쥐어가며 학교에 뛰어가는 소녀의 모습을 생각만 해도 눈이 시큰해진다.

"엄마, 그런데 왜 일을 엄마가 전부 맡아서 하신거에요? 왜 엄마만 그렇게 희생을 해야 했던 거예요? 엄마는… 엄마도 어렸는데 왜 …"

"엄만 첫째 딸이잖니. 그 땐 그게 당연했어."

왜 그때, 가족들을 위한 희생은 엄마만 했었어야 한 걸까. 일 하기 싫다, 힘들다, 도와 달라 말하면 천지가 개벽하고 집에서 쫓겨나는 것일까? 엄마는 왜 그때 그렇게 가만히, 엄마의 일이라고 생각해서 그 모든 것을 혼자 떠안았을까. 엄마는 그저 쓰게 웃을 뿐이었다. '첫째 딸은 살림 밑천이다'라는 당시 사회 분위기가 엄마의 희생을 당연시했고, 그 당연함에 저항하지 못한 엄마는 그걸 조용히 받아들이고 묵묵히 할 일을 한 것이다. 그러나 '이렇게 힘든 상황에서 누군가 희생을 하는 것은 당연하다'거나 '첫째 딸은 살림 밑천이다'라는 사고는 산산이 부숴야한다. 어린 엄마의 희생과 노력은 절대 당연한 것이 아니다. 그리고 그 상황 역시 당연한 것이 아니다. 한 사람의 '신영란'이 겪은 일은 당시 많은 다른 아이들이 겪었을 수 있는 일이다. 그러나 지금은 그런 일이 생기면 아동학대로 부모가 처벌을 받거나 각종 시설에서 지원을 해주는 시스템으로 바뀌었다. 그 당연함이 더 이상 당연하지 않다고 생각해 저항한 결과다. 하지만 아직도 많은 '당연함'이 존재한다. 엄마는 여전히 일을 나가면서도, 돈을 벌면서도 가족들의 식사를 챙기는 것을 당연시하고 집안 청소를 혼자 떠안는 걸 아무렇지 않게 받아들인다. 그리고 나 역시 그런 엄마의 대접을 아무렇지 않게 받아들인다. 그러나 나는 이제 엄마가 그걸 당연시하지 않길 바란다. 엄마의 삶을 되돌아보며, 어린 신영란은 내게 말했다. 그때 이만큼 힘들었고 이렇게 많이 울며 밤을 지새웠다고. 그리고 나는 그것에 대답할 것이다. 이제 더 이상 엄마의 희생을 당연시 하지 않을 것이라고, 그리고 이제 나와 함께 아픔과 고통을 나누고 행복을 더하자고.

"그래도 가장 좋았던 때가 언제냐고 물으면 '아무 생각 없이 공부하던 때' 일까?"

소녀가장이나 다름없는 삶을 살던 80년 18살의 봄. 매일 매일 집안일에 치어 살면서도 엄마는 결코 공부를 포기하지 않았다. 습진 때문에 펜을 쥐는 게 아파도 필기를 했고, 밤늦게 자고 아침 일찍 일어나 잠이 부족해도 이를 악물며 수업을 들었다. 공부만이 지금 엄마에게 붙어있는 가난을 떨쳐낼 유일한 방법이라고 생각했기 때문이었다. 그리고 엄마는 똑똑한 편이었다. 집안일 때문에 집 안에서 공부를 할 시간이 전혀 없음에도 600명이 넘는 학교 내에서 2-6등만 주는 '은장'을 달았다. 지금도 가끔 이 얘기를 꺼내면 엄마는 웃으며 '내가 공부할 시간만 보장 받았어도 금장을 졸업까지 단 한 번도 놓치지 않았을걸!' 이라며 자랑하실 정도다. 그러던 4월 말. 수학여행의 계절이 왔고, 엄마도 수학여행을 갈 기회가 주어졌다. 이전까지는 어려운 가정형편 때문에 쉽게 갈 수 없었지만 엄마를 안타깝게 보던 외할아버지가 모아놓은 돈을 가지고 수학여행을 보내주시게 된 것이었다. 그러나 엄마는 조심스레 그 돈을 품에 안고 외할아버지에게 말했다.

"아버지, 저 이 돈으로 한 달이나마 학원을 등록하고 싶어요."

생애 처음으로 갈 수 있는 수학여행이 어떻게 기대가 되지 않았을까. 고향 광주를 떠나 다른 지역을 돌아다니며 구경하고 잠시나마 집안일에서 벗어날 수 있는 기회가 얼마나 고대되었을까. 그런데도 엄마는 공부가 정말 하고 싶었기 때문에, 그 기회를 포기했다. 남들 다 한 번쯤은 가보는 학원, 단 한 달이라도 다녀보고 싶었기에 포기했다. 엄마의 그 말에 할아버지는 조용히 침묵을 지키셨다. 이내 허락을 해주시고 할아버지는 조용히 밖으로 나가 담배를 피우셨다. 학원 한 번 못 보내줘서, 수학여행 한 번 못 보내줘서 미안하다는 마음이 고요히 뿜어져 나왔다.

그 길로 엄마는 광주 충장로에 있는 학원을 등록했고 정말 행복해하며 학원을 다녔다. 5월 1일 학원 개강 날 엄마는 잠을 자는 둥 마는 둥, 밥을 먹는 둥 마는 둥 하며 학원을 갈 시간만을 손꼽아 기다렸다. 학교가 끝나고 학원을 가는 길을 부리나케 뛰어갔는데 전혀 숨이 차지도, 힘들지도 않았다. 배운다는 즐거움, 안다는 것의 기쁨이 엄마의 삶에 활력을 불어넣었다. 그러나 이 기쁨은 채 1주를 넘기지 못했다. 80년 광주, 5월 그 언저리에 큰 비극이 도시를 뒤엎었기 때문이었다.

5월 초, 계엄군은 전남대 정문과 충장로 일대에 진을 쳤다. 매캐한 최루탄 냄새와 귀를 찢는 총탄 소리, 곤봉으로 사람을 패 살갗이 찢어지는 소리, 비명 소리가 거리를 메웠다. 그 소란에 결국 학원은 문을 닫았고 엄마 역시 함부로 밖을 돌아다닐 수 없게 되었다. 엄마의 힘으로 어쩌지 못하는 상황이 분하고 화나고 슬퍼서 엄마는 조용히 아랫입술을 깨물며 눈물을 삼켰다. 이럴 거면 차라리 수학여행이라도 갈걸 하는 생각 역시 들었다. 하지만 엄마가 할 수 있는 것은 학교를 가는 길, 충장로를 지나며 그저 계엄군을 원망스레 흘겨보는 것뿐이었다.

나는 한 번이라도, 이렇게 무언가를 간절히 원했던 적이 있을까. 가고 싶은 여행을 포기하면서, 하고 싶은 것을 포기하면서 무언가를 해 보고 싶다는 열망을 가져본 적이 있을까. 일을 진행하는 중에 예기치 못한 고난이 닥친다면 나는 포기하지 않고 일을 계속 할 저력이 있었을까. 현실의 벽에 부딪혔을 때 그저 남의 탓만 하며 쓰러져 있지 않고 무언가 능동적으로 하려고 했을까. 단언컨대 쉽지 않았을 것이다. 많은 이들이 목표를 설정하고 그에 도달하기 위한 계획을 세우지만 실제로 도달하는 경우는 많이 없다. 예기치 못한 난관, 잘 따라주지 않는 상황이 발을 붙잡고 절망과 포기하고 싶은 마음이 앞을 볼 수 없게 하기 때문이다. 그러나 어릴 적 엄마는, 신영란은 힘든 상황에서도 꿈을 키우고 꼭 미래에 성공할 것이라는 열망을 가졌던 뜨거운 사람이었다. 그 열망으로 엄마는 성장했고 고난을 이겨냈다. 살고 싶다고 생각해 철이 들었고 인정받고 싶어서 일을 했고 미래에 자유로워지고 싶어서 공부를 했다. 그리고 결국 엄마는 해냈다. 난리 속에서도 끊임없이 노력하고 버틴 결과 엄마는 지금 중학교 교사가 되었고 아버지를 만났으며 나와 언니를 낳고 잘 살고 있다. 그러나 엄마는 여기서 멈추지 않고 또 새로운 꿈을 꾸고 있다. 꿈을 꾸고 그걸 이루고, 다시 한 번 꿈을 꾸고. 엄마는 그렇게 지금까지도 한 단계 한 단계씩 성장하고 있다.

1980년, 엄마는 생애 가장 힘든 시기를 이겨내고 있었다. 언젠가 올 밝은 미래를 위해, 그 밝은 미래를 스스로 일궈내기 위해 열심히 뛰어다녔고 누군가 엄마를 무릎 꿇려도 절대 굴복하지 않았다. 엄마는 강한 사람이었다. 그러나 엄마는 그저 강하기만 한 사람은 아니었다. 밤새 베개를 적시며 울었고 사진기를 들이대면 민망해하며 두 뺨을 발그레 물들이던, 영락없이 평범한 소녀였다. 이번 글을 쓰기 위해 엄마의 얼굴을 조용히 바라보자, 1980년의 엄마의 얼굴을 살풋 엿볼 수 있었다. 1980년 당시의 강인함과 끈기뿐 아니라 그때 미처 드러내지 못했던 두근두근한 감성들, 장난스러운 웃음이 조용히 얼굴에 자리 잡고 있었다. 엄마는 장녀였고 가장이었고 5남매의 제2의 엄마였다. 하지만 엄마는 또 소녀였고 모범생이었으며 한 사람의, 대단한 저력을 가진 인간 '신영란'이었다. 내가 봐온 엄마는 그저 빙산의 일각에 불과했다. 장님이 코끼리 다리를 만지며 코끼리는 당연히 원기둥처럼 생겼다고 단정하듯, 나는 그렇게 엄마의 일부만 보고 '당연히 엄마는 ~다'라고 판단해 왔던 것이다. 나는 이제 눈을 뜨고 코끼리의 얼굴을 보게 되었다. 그곳에는 내가 당연히 여겼던 엄마로서의 신영란이 아닌 고난과 역경을 이겨낸, 또 한편에는 순수한 소녀의 모습을 지닌 '신영란'이 있었다. 그리고 나는, 그런 엄마를 마주보고 웃으며 조용히 그 얼굴을 보듬었다. 1980년, 미처 내가 쓰다듬지 못했던 그날의 엄마를 생각하며.

아날로그식 감성이 피운 꽃

손예윤(유기신소재파이버공학과)

요즘은 모든 것이 디지털화되었다. 친구와 간단한 이야기를 나눌 때도 휴대폰의 메신저 어플을 통하거나 메시지를 이용하고, 기념일을 축하할 때에도 모바일 상, 온라인상의 축하가 일반적이다. 하지만 나는 어쩐지 시간과 공간의 제약 없이 사용 가능한 디지털 기계를 이용한 사람들 간의 관계보다는 아날로그식 관계에 더 애착이 간다. 알록달록 이모티콘이 가득한 메시지보다는 직접 한 글자 한 글자 정성들여 쓴 손 편지에 눈물을 쏟곤 하고, 비록 돈이 들고, 오랜 시간이 걸려 도착하더라도 우표를 붙여 보내는 편지에 더 설레곤 한다. 이렇듯 내가 아날로그식 감성을 좋아하게 된 것에는 가족들의 영향이 컸다.

내가 어렸을 적, 엄마는 출판사에서 근무하셨다. 덕분에 정말 다양한 종류의 책들을 접할 수 있었다. 위인전, 소설책, 영어원서, 백과사전까지... 엄마는 내가 책을 통해서 많은 것들을 간접경험하고, 값진 지식을 얻기를 바랐던 것 같다. 책 자체도 아날로그적인 느낌이 많은 매체였던 탓이었을까, 엄마는 언니와 내게 이메일이나 휴대

폰 메시지보다도 손 편지 써주는 것을 즐기셨다. 여행갈 때, 생일날, 사소한 사건들이 있을 때 등의 기념일엔 어김없이 편지가 있었다. 그렇게 어느 순간, 기념일에 편지가 있는 것은 당연한 일처럼 여겨졌고, 나 역시 직접 손으로 쓴 편지로 마음을 주고받는 편지의 매력에 빠져들게 되었다. 그러다 보니 초등학교, 중학교 생활하면서 거의 매일 친구들과 편지를 주고받았던 적도 있었고, 굳이 편지로 쓰지 않더라도 함께 교환일기를 쓰며 글로 이야기를 나누는 일이 많았다. 편지를 주고받을 때의 설렘과 직접 표현하지 못하는 말들도 전할 수 있다는 장점을 기분 좋게 즐기며 주고받았던 편지들은 어느새 내게 소중한 추억으로 남아있다. 내게 시간을 되돌릴 수 있는 능력이 있어서 과거로 돌아간다 하더라도 나를 위해 한 글자 한 글자 눌러 담은 진심을 전하는 방식인 편지로 마음을 전하는 방식을 배운 것은 변하지 않았으면 하는 생각이 든다.

엄마의 삶의 방식이 급격한 변화를 겪었던 것은 내가 초등학교 2학년이었던 해, 6살 터울인 동생이 태어나서 가족의 수도 늘었고, 더 이상 엄마가 출판사에서 근무하시지 않았을 때였다. 손재주가 좋으셨던 엄마는 꽃꽂이에 관심이 많으셨고, 그동안 아르바이트 겸 배웠던 꽃 일에 흥미를 느끼셔서 꽃집을 차리기로 하신 것이었다. 장사는 처음 해 보는 일이라, 엄마는 두렵기도 하고 설레기도 하고 생각이 많으셨다고 한다. 하지만 당시에 나는 '우리 가게'가 생겼다는 사실이 신기하고 너무 좋기만 했던 것 같다. 나중에야 알게 된 사실이지만, 처음 엄마가 새로운 직업을 고려하다가 가게운영을 선택하게 된 것은 아직 어린 우리들을 염두에 두고 있었기 때문이라고 한다. 보통은 부모님이 근무하실 때, 자녀들과 함께 시간을 보낼 수 없고 그래서 자녀들과 더 거리감이 생기며 소통에 어려움을 겪는다. 이런 생각이 들었던 엄마는 세 딸과 함께 편히 시간을 함께 보낼 수 있는 일자리를 고민했고, 결국에 가게 운영이라는 답을 찾은 것이었다. 엄마의 생각은 완전히 맞았다. 집에서 육아에 전념하시던 때에 비해 가게에서 근무하시는 동안 서로 떨어져 있는 시간이 늘었지만 사실 그 때문에 더 많은 추억거리를 쌓을 수 있었다. 우리를 위해 가게에서 비가 오나 눈이오나 열심히 일하시는 엄마를 위해 깜짝 도시락을 만들어서 함께 점심식사를 하러 가는 일도 많았고, 자영업이다 보니 다른 누구의 신경을 쓰지 않고도 편하게 가게에 와서 함께 수다를 떨며 즐거운 시간을 보내는 일이 오히려 늘었다. 또, 그동안은 집에서 항상 함께 시간을 보냈기에 서로의 소중함을 미처 잘 느끼지 못했을 때가 많았는데, 멀지 않은 거리에 떨어져 지내보니 소중함을 깨닫게 되었다. 서로를 위한 깜짝 이벤트를 준비하기에도 더 좋은 환경이었다. 결국엔 가게 운영은 가족의 화목한 분위기에 긍정적인 영향을 미친 것이다. 하지만, 1차원적으로 가게 운영이 가족에게 좋은 영향을 미쳤다고 생각했던 내게 엄마와의 면담은 새로운 시각으로 이것을 보게 했다. 가게를 운영함으로써 엄마는 스스로가 잘 할 수 있는 일을 찾아서 기뻤고, 예쁜 꽃과 화초들을 보면서 근무하니 성격 면에서도 더 긍정적이고 밝아지셨다고 한다. 우리나라 법 조항에 의하면 만19세 이하는 아르바이트를 할 수 없지만, 가게 일을 도우면서 우리들이 한 일에 대한 돈을 받고, 그 돈을 사용하는 방법을 익히게 함으로써 경제관념 역시 키우게 할 수 있어서 엄마에게도 우리들에게도 도움이 되었다고 생각하신다고 한다. 또, 의도했던 바는 아니었지만, 종종 꽃가게 일을 돕는 우리들에게 식물들의 특성, 이름들 그리고 사람들을 대하는 방법을 자연스럽게 알려줄 수 있어서 더 좋다고 느끼셨다고 한다. 엄마의 가게운영이라는 선택은 나비효과를 불러일으켰다. 물론, 가게에서 무리해서 엄마의 건강이 나빠진 적이 있었다는 부정적인 면도 간혹 있지만, 대부분 가족들 간의 관계층진에 도움이 되고, 서로를 이해할 수 있도록 대화를 나누는 시간을 갖게 한다는 좋은 효과를 가져왔다. 엄마의 미래를 보는 시각 덕분에 가게에서 많은 시간을 보내는 우리 가족은 오늘날의 다른 집 가족들처럼 메신저로만 가족들 간의 대화를 나누기보다 직접 얼굴 보고 이야기하며 쪽지를 남기는 등 아날로그적인 감성을 마음껏 즐길 수 있다.

이와 같은 남다른 환경 덕분에 오늘날의 나는 엄마와 '친구'만큼 친밀하다. 때론 가족이라는 이유로 엄마 앞에서는 친구들과 있을 때보다 더 편하고 즐겁고 솔직할 수 있다. 여전히 운영되고 있는 가게에서는 엄마와의 비밀 이야기를 나누기도 하고, 함께 맛있는 식사를 하기도 하며 사소하지만 값진 추억들을 쌓아가고 있다. 훗날 나도 언젠가는 누군가의 '엄마'가 될 것이다. 엄마라는 존재는 자신을 탄생시켰다는 사실 하나만으로도 충분히 존경스럽고 대단하다. 따라서 그 위대함과의 거리를 좁힐 수 있는 요인이 필요하다. 내가 누군가의 엄마가 되었을 즈음에는 '아날로그'라는 말조차 사라질 수도 있다. 하지만 아날로그적 감성은 누군가의 심금을 울릴 수 있을 만큼 영향력이 강하다. 내가 엄마에게 배웠 듯, 나도 손 편지와 많은 대화를 통해서 친구처럼 편안한 사람이 되고 싶다는 생각이 들었다.

나는 우리 엄마 같은 어머니가 되지 않겠다

신솔희(문예창작과)

여성의 의무는 무엇일까. 내게 물어도 명쾌하게 답을 낼 수 없었고, 남에게 물어도 내가 원하는 답을 들을 수 없었다. 나조차 여성의 의무에 대해 모르면서, 타인에게 무슨 답을 듣기를 바랐을까.

여성은 단어 자체로도 아름답다. 활자로 새겨진 단어조차 아름다운데 그 존재는 얼마나 찬란한가. 이 아름다운 '여성'에게 의무라는 단어를 붙이는 것 자체가 실례가 될지도 모르겠다. 꽤 많은 사람들이 '여성'보다 '의무'에 초점을 맞추고 살아왔기에, 여성이 육아와 가사노동을 하는 건 당연한 것이라고 생각한다. 요즘에도 여자가 육아와 가사노동을 주업으로 삼지 않고, 생활전선에 뛰어드는 것에 '주제넘은 짓'이라고 혀를 내두르는 고지식한 사람들이 있다.

우리는 지금 양성평등 사회에 살고 있지만, 여전히 차별은 존재한다. 그래서 생각보다 여성들은 많은 권리를 포기하고 살아간다.

지금 내가 이야기 할 그녀는 아주 어릴 때부터 권리와 여성이기를 포기하고, 일찍이도 어머니로 살아왔다. 청각장애인인 부모님 아래서 장녀로 태어난 그녀는 아홉 살 때부터 어머니였다. 처음 솥에 밥을 한 나이는 여섯 살 때였다고 한다. 하루 3~40분하는 등굣길을 다니면서도, 쌍둥이 동생과 여동생 세 명을 챙겼다. 아홉 살이면 한참 예쁠 나이였다. 레이스 달린 치마까지는 아니어도, 말끔한 옷 한 벌 정도는 입고 싶었을 거다. 그럼에도 그녀는 이르게도 남에게 의지하지 않고 사는 법을 배웠다.

그녀는 또래 여자아이들이 모여 고무줄 사이를 뛰고 있을 때, 남자아이들을 쫓아 뛰었다. 짓궂은 남자아이들이 또 그녀를 놀린 것이었다. 집이 가난한 게 문제가 아니었다. 그녀의 부모님이 청각장애인이라고, 벙어리라고 등신이라고 놀렸다. 속상해서 울 법도 한데, 그녀는 꽤 당차게 그 애들을 끝까지 쫓아가 머리카락을 한 움큼 뽑아 응징했다. 남자애들이 조폭마누라라느니 험한 별명을 갖다 붙여도, 그녀는 아랑곳 하지 않고 집으로 가 동생들을 돌봤다.

그녀는 초등학교를 졸업하자마자 상경했다. 서울로 가는 차표 값과 얼마 되지 않는 옷을 한보따리 들고 떠났다. 기차역으로 향하는 버스에서도 멀미가 난 그녀는 결국 얼마 가지 못 해 내려야했다. 그녀는 버스에서 내리자마자 메슥거리는 속을 부여잡고 전봇대에 기댔다. 세상이 노랗고, 빙글빙글 돌고 있는 것 같다고 생각했다. 그리고 이내 버스비를 아까워하며 겨우 기차역에 도착했다.

열세 살, 이제 막 초등학교를 졸업한 그녀가 마주한 서울은 거대한 도시였다. 학교를 가려면 산을 한 개 넘어야 했던 자그마한 동네와는 달랐다. 사람들은 북적였고, 모두 바삐 제 갈 길을 가고 있었다. 그녀는 옷이 든 보따리를 든 채 가만히 친척언니를 기다렸다. 그녀가 상경한 것을 알고 다가온 수상한 남자는 콜라를 건네며 목적지를 물었다. 그녀는 아무 대답도 하지 않고 역 안 화장실에 뛰어 들어가 몇 시간은 앉아 있었다.

답답해질 때 쯤 밖에 나가자 친척언니와 마주쳤다. 친척언니는 어디를 갔었느냐고 핀잔을 놓았고, 그녀는 그제야 안심이 돼 펑펑 울었다. 아홉 살 때부터 어머니로 살아왔던 그녀는, 아직 아주 어린 소녀였던 것이다.

그녀는 원단 공장에 취직하게 됐다. 중학생이 되고, 열일곱 살이 되고, 성인이 될 때까지 그녀는 자기가 쓸 돈 몇 만원만 남기고 모두 고향으로 보냈다. 15만원 중에서 삶은 닭을 먹을 수 있는 돈이면 충분했다. 자신은 비록 초등학교밖에 졸업하지 못 했지만, 동생들은 모두 대학교까지 보내고 싶다던 그녀의 다짐이 여실했다.

미싱을 하다가 손톱이 짓이겨도 제대로 치료할 수 없었다. 손톱과 발톱은 자주 곪았고, 그녀는 늘 진통제나 항생제를 달고 살았다. 공장 기숙사에서 생활하며 제대로 잘 수도 없던 그녀는 틈틈이 시를 썼다. 한참 엽서를 주고받는 게 유행이었는데, 그녀는 답장으로 매번 시를 써 보내며 소소한 행복을 누렸다.

이십 대 초반이 된 그녀는 다시 고향으로 내려갔다. 동생들은 자랄 만큼 자랐고, 또 그녀는 공기 맑은 고향을 늘 그리워하고 있었기 때문이었다. 그녀는 어릴 때부터 열심히 돈을 벌어 부쳤는데, 동생들은 비뚤어졌다. 지금으로 보면 큰 일탈도 아닌 일이지만, 막냇동생이 매번 속을 썩였다. 학교에서 소위 논다는 애들이랑 함께 다니며 공부도 제대로 하지 않았다. 그것도 모자라, 친구 집에서 자고 오겠다는 말에 그녀는 "여자애가 무슨 외박이냐"며 곧장 전화기를 던져버렸다. 막냇동생이 모난 애도 아닌데, 자꾸 어긋나려는 게 속상해서 그랬다. 막냇동생은 엄마 같은 그녀가 그렇게 화가 난 모습에 마음을 바로잡고 다시 공부에 매진했다.

그녀가 스물넷이 되던 무렵, 한 남자를 만났다. 그는 왜소했다. 얼굴은 검게 그을렸고, 변변한 직장도 없었다. 지금 생각해보면 어디 잘난 데가 없는 남자였다.

선을 본 건 아니었다. 그녀는 초등학생 때처럼 몇 리를 걸어 시장을 갔다 오는 길에 그를 만났다. 그는 운전하고 있던 트럭의 속도를 늦추더니 그녀와 걸음을 맞췄다. 그녀가 트럭을 바라보자, 그는 창문을 내렸다. 그리고 하얗고 고른 이가 잘 드러나도록 훤히 웃으며 잘 빠진 작업용 멘트를 날렸다.

"날도 더운데 타. 어차피 가는 길이야."

이후 그 한여름에 트럭을 타고 가면서 이런 저런 이야기를 했다. 사실 둘은 같은 초등학교 동창이었고, 1반과 2반밖에 없던 초등학교에서 단 한 번도 같은 반이 된 적 없는 사이였다. 둘은 기억하기도 아득한 어릴 때 이야기를 하면서 웃었다.

"그런데 진짜 예뻐졌다, 양쌍순이."

그는 부스스한 단발머리를 하고 늘 남자애들을 혼내주던 그녀를 기억하고 있었다.

그는 중장비 일을 했다. 늘 흙먼지가 묻은 작업복을 입고 있었다. 그는 무드도 없었고, 숙맥에 가까웠다. 그럼에도 그가 마음에 든 이유는, '성실함' 때문이었다. 큰돈은 아니지만 꾸준히 돈을 모으고 있었고, 매사에 열심히 하는 모습이 좋았다. 그녀는 그 모습에 "이 사람을 믿고 살아도 되겠구나."하는 생각을 했다.

그녀는 스물다섯 살 때, 스물여섯 살이던 그와 식목일에 결혼했다. 이후 그 해 여름 첫 아이를 낳았다. 첫 아이는 남자애였다. 온 몸이 새하얀 게 꼭 천사 같았다. 득남 소식을 듣고 군대에 있던 막냇동생이 휴가를 내고 와서 그녀의 산후조리를 도왔다.

밤을 새는 건 예삿일도 아니었다. 그녀는 가끔 서러워서 울기도 했다. 남편은 협회 사람들과 매번 회식을 하고 노느나 육아를 도와주지도 않았다. 첫 아이가 걸음마를 떼고, 말도 조금씩 할 때 쯤 두 번째 아이를 낳았다. 둘째는 얼굴이 주먹만 했다. 다른 애들보다 왜소하게 태어난 둘째 아이는 잔병치레가 많았다. 팔도 자주 빠지고, 자주 아팠지만 씩씩하게 잘 견뎠다. 아니, 너무 잘 견뎌서 문제였다. 열이 40도로 끓어도 둘째는 아프단 말도 안 하고 끙끙 앓기만 했다.

첫째가 어린이집을 다니기 시작할 무렵, 셋째 아이를 낳았다. 셋째 아이는 4.5kg에 달하는 건장한 여자아이였다. 첫째나 둘째보다 힘들었다. 그녀는 아이를 셋이나 낳고 몸이 모두 망가졌다. 그녀는 그럼에도 불구하고 내색 않고 아이 셋을 기르고 올해 마흔여덟 살이 되었다.

그녀는 아주 어릴 때부터 여성이기를 포기하고 살아왔다. 어릴 때부터 갖은 노동을 한 탓에, 몸이 성하지 않다며 치마 입기를 꺼려했다. 매번 우리들에게 모든 것을 양보했다. 모두 우리를 위해 한 일임에도, 우리는 때때로 그녀를 부끄러워했고, 불편해했다.

아주 어릴 때부터 '어머니'로 살아왔기에. 나는 그녀가, 아니 우리 엄마가 그저 '엄마'인 줄 알았다. 우리 엄마는 꽃을 좋아하고, 딸이 사온 화장품에 관심이 많았다. 뿐만 아니라 딸이 입는 옷에도 관심이 많았다. 우리 엄마는 '어머니'이기 이전에 여성이었음을 나는 이제야 깨달았다.

엄마는 '어머니'로 살아왔다는 이유로, 자신의 어린 시절을 그다지 좋아하지 않는다. 그래서 엄마는 내가 당신의 이야기로 글을 쓰는 게 싫으실 지도 모른다. 엄마는 자신이 초등학교밖에 졸업하지 못한 것을 부끄러워하는 사람인데, 어쩌면 내가 엄마의 치부를 들춘 걸 수도 있다.

그렇지만 나는 초등학교만 나온 엄마가 전혀 부끄럽지 않다. 오히려 더 자랑스럽다. 엄마는 여전히 나보다 많은 것을 알고 계신다. 언제 어디서나, 무엇을 물어도 엄마는 망설임 없이 대답을 해준다. 그럼에도 당신보다 우리가 더 자랑스럽다고 생각하신다. 그래서 나는 더욱이나 엄마가 감추고 싶은 이야기를 몰래 쓴 게 죄송하다.

나는 우리 엄마 같은 어머니가 되지 않겠다. '여성으로서'가 아니라, '어머니로서'세상에 존재하고 싶지 않다. 이따금 엄마를 부끄러워하는 자식을 사랑하는 당신과 같은 어머니가 되는 건 슬펐다. 차라리 나는 평생을 당신의 소중한 딸로 살고 싶다. 누군가의 어머니가 아니라, 오로지 당신의 딸이고 싶다.

어머니,
세상에서 가장 아름다운 단어

신은경(경제학과)

엄마도 나와 같은 소녀일 때가 있었다

1968년 12월 27일 강원도 동해. 영원한 내 편, 나의 어머니 김영림 여사가 세상 밖으로 나왔다. 공무원인 아버지와 주부인 어머니 슬하에서 3남매 중 둘째로 화목한 환경에서 자라왔다. 그런 그녀의 어린 시절에는 크나큰 고민이 있었으니, 자신을 다리 밑에서 주워왔을 것이라 생각했던 출생에 대한 의심이었다. "너는 다리 밑에서 주워왔어." 장난기 많은 언니가 내던진 한 마디로부터 시작된 의심이었다. 어린이에서 소녀로 성장해가며, 그 동안 상상했던 말도 안 되는 의심은 이내 해소되었다. 지금 내가 알고 있는 어머니의 이미지로서는 절대 상상이 되지 않는 귀여운 행동이다. 엉뚱한 어린 시절을 지나 감수성이 풍부한 소녀가 된 그녀의 취미는 라디오, 팝송 듣기였다. 그녀는 매일 10시에 흘러나오던 프랭크 푸르셀(Frank Pourcel)의 '메르시, 쉐리'(Merci, Cherie)의 음률이 아직도 생각난다고 한다. 그녀는 추운 겨울 이불을 덮고 언니와 함께 라디오 속 이문세의 목소리를 듣던 그때 그 시절로 다시 돌아가 보고 싶다고 말한다.

어느 날 문득 어머니와 함께 지나가다 예쁜 꽃에 발걸음을 멈추는 어머니의 모습을 보았다. 나는 그 모습에서 어머니의 소녀 감성을 엿볼 수 있었다. 곁에서 지켜보면 나보다 더 소녀 감성이 풍부하신 어머니의 모습을 자주 발견하곤 한다. 소녀였던 나의 어머니는 시간이 흘러 소녀의 어머니가 되었다. 오늘날 그 딸과 마주 앉아 그녀의 추억 상자와 사진이 담긴 앨범을 들춰보며 소녀인 그녀의 딸과 그녀의 소녀 시절 이야기를 나눈다. 어머니는 그 시절 보물 1호였던 마이마이를 아직까지 추억 상자에 간직하고 계셨고, 앨범 속 그 시절 어머니는 내가 본 어떤 소녀보다 아름다웠다. 두 모녀가 두 소녀가 되는 순간이었다.

나이팅게일을 꿈꾸다

어렸을 때부터 나의 어머니는 교사의 꿈을 꾸셨다. 자신의 학창시절에 좋은 스승님들을 많이 만나 자신에게 스승이라는 존재가 큰 의미로 다가왔기 때문이다. 어머니도 그 분들과 같이 누군가에게 좋은 영향을 끼칠 수 있는 스승이 되는 것이 꿈이었다. 하지만 두 살 터울의 언니가 먼저 교대에 입학하면서 그녀는 교사의 꿈을 포기하게 된다. 넉넉지 않은 집안에서 두 딸을 모두 타지로 유학시킬 수 없는 상황이었기 때문이다. 어쩔 수 없이 어머니는 간호학과에 진학하게 되었다. 원치 않는 진로였지만 그녀는 주어진 환경에 최선을 다했고, 학창시절 내내 장학금을 받으며 부모님께 부담이 되지 않도록 노력했다고 한다. '알면 사랑하게 된다.' 어머니가 내게 하신 말씀이다.

그때 당시에 간호학은 어머니 자신이 꿈꾸던 일이 아니었다. 하지만 관심을 갖고, 배우려 노력하다 보니 저절로 그 일에 애정을 갖게 되었다고 한다.

1990년 3월 1일. 23살의 나이에 서울 아산병원에 입사하여, 2016년 현재, 그녀는 26년째 한 곳에서 자신의 책임을 다하고 있다. 그녀는 아직도 촛불을 들고 나이팅게일 선서를 했던 그때가 잊히지 않는다고 한다. 그때 그 순간 그녀는 간호를 인생의 '업'으로 택하게 된 것이 자랑스러웠다고 한다. 그 때의 설렘과 마주했던 책임감이 지금까지 그녀를 움직이는 원동력이라고 말한다.

그녀의 간호사 생활은 그 때의 맹세했던 책임감이 무뎌질 만큼 힘들었다고 한다. 간호사의 24시간은 데이(7:00~15:00), 이브닝(15:00~22:00), 나이트(22:00~7:00) 총 3교대로 나누어진다. 매번 상사가 짜주는 스케줄에 따라 근무시간이 변동되기에 생활이 불규칙할 수밖에 없었다. 불규칙한 3교대도 힘든데 초임 간호사인 그녀가 처음으로 배치 받은 근무장은 바로 '응급실'이었다. 그녀가 경험한 응급실은 한마디로 전쟁터였다. 생사가 오가는 치열한 장소인 응급실에서의 근무 경험은 그녀의 인생에 많은 깨달음을 주었다고 한다. 첫째, 아픈 사람들을 보며 자신과 자신이 사랑하는 사람들이 건강하다는 것에 대해 감사함을 느꼈다. 둘째, 주변에 있는 사소한 것조차도 소중히 여기고, 자신의 주위를 둘러볼 수 있게 되었다. 셋째, 더 좋은 말, 더 좋은 행동을 하기에도 부족한 것이 인생이라는 깨달음이다.

내가 곁에서 지켜본 그녀는 환자를 그저 고객으로만 대하지 않는다. 퇴근 후에도 환자 걱정을 하며, 딸처럼 어르신들께는 안부 연락을 드리기도 한다. 어머니는 병원에서 친절한 간호사로 통한다. 고객들의 칭찬카드를 많이 받아, 병원 내에서 매번 친절상을 받으시고, 같은 간호사들을 대상으로 친절 서비스 교육을 담당하신다. 나의 엄마로 그녀를 보기 이전에 같은 여자로서 그녀의 행보는 내가 가장 닮고 싶은 부분이다. 한 가정의 엄마로, 직장에서는 멋있는 커리어 우먼으로, 내가 꿈꾸는 이상적인 모습이기 때문이다. 나는 이러한 그녀가 나의 어머니라는 것이 정말로 자랑스럽다.

엄마, 이제 '김영림' 나 자신으로

20살. 성당 모임에서 아버지를 만나 5년 연애 후 어머니는 아버지와 가정을 이루셨다. 어머니와 아버지 모두 서울 라이프를 꿈꾸셨기에 결혼 후, 두 분이 함께 서울로 올라와 터를 잡으셨다. 처음으로 하는 사회생활과 타지 생활, 두 분은 꽤나 힘든 신혼생활을 보냈다고 한다. 안 그래도 힘든 생활에 내가 뱃속에 들어서면서 어머니는 더욱 고단한 생활을 하셨다고 한다. 임신을 한 채, 매번 나이트 근무를 했기 때문이다. 그럼에도 그녀는 불평하기보다는 주어진 삶에 감사했다. 자신이 할 수 있는 일이 있다는 것에 감사했고, 사랑하는 사람들과 함께할 수 있어 감사했다. 그렇게 그녀는 자신의 일에 열정을 다하며 네 명의 가족을 이루었다. 아내로, 엄마로 자신의 역할에 충실했다. 이제 그녀는 퇴직 후 다가올 제2의 인생을 준비한다. 어머니는 나와 동생이 사회생활을 시작하고 자신의 품에서 떠나면, 그동안 가고 싶었지만 가지 못했던 의료봉사를 떠나고 싶다고 말씀하신다. 지금까지 일생을 봉사 정신으로 살아왔건만, 자신의 노후까지 참된 봉사로 보내길 바라는 어머니가 존경스럽다.

한 가정에서 태어나 그녀는 누군가의 딸이었고, 누군가의 아내였고, 누군가의 엄마였다.

길지 않은 인생에서 참 많은 역할을 그녀가 맡아왔다.

자기 자신보다 타인을 항상 먼저 생각하며, 아낌없이 내어주는 인생을 살아오신 나의 어머니.

그 동안 어머니가 내게 주신 사랑을 이제는 딸로서 내가 어머니께 보답하고 싶다.

나는 이제 그녀가 자기 자신만을 위한 인생을 살아가기를 응원한다.

엽영선

안현준(불어불문학과)

8월 15일. 우리나라가 일제강점기로부터 벗어나 빛을 찾은 날, 광복절이다. 하지만 나에게는 한 가지 의미가 더 있는 날이다. 바로 나의 어머니께서 태어나신 날이다. 나의 어머니께서는 그리 대단한 일생을 보내지 않으셨고, 또 앞으로도 딱히 대단한 일생을 보내지 않으시리라 생각되지만, 여태껏 지내오신 소중한 나날을 적어보고자 한다. 필자의 어머니는 초등학교 선생님이셨다. 연로해지셔서 은퇴한 전직 초등학교 교사다. 그래도 나름 38호봉까지 채우셨으니 꽤 오랫동안 나라의 교육자로서 헌신하셨다. 교사가 되셨던 이유는 단순하다. 아이들을 가르치는 데 뜻이 있었기 때문이다. 어머니는 사교육을 받지 못했다. 학교 외 교육을 받지 못하셨기 때문에, 학교 교육만으로도 완전한 교육을 할 수 있도록 이끄는 교사가 되는 것이 어머니의 소원이었다. 어느 위인전에나 나타나듯, 우리 어머니는 어린 시절 가난한 생활을 보내셨다. 6남매가 학교 화장실만한 집에서 오밀조밀 모여 생활했다. 할아버지는 타일공이었기 때문에 겨우 입에 풀칠할 만큼의 수입밖에 벌어오지 못했다. 삼촌과 이모는 그런 상황을 탓하며 많이 엇나가기도 했다고 당신께서 말씀하셨지만 어디까지나 우리 어머니 입장에서 보았을 때 그러하다. 그러나 적어도 우리 어머니는 그런 말씀을 하시기에 자격이 있다고 생각한다. 학교에서 나눠준 교과서와 전과만을 찢어지도록 보셨고 실제로 초등학교 때부터 고등학교 때까지 전교1등을 놓치신 적이 없다. 이는 내가 성적이 좋지 않을 때마다 직접 성적표를 건네 보여주신 실증을 바탕으로 한 사실이다. 이렇게 좋은 성적을 받아 인천교대에 진학하셨다. 공립이라 등록금도 저렴한데다 선생님이 되고 싶었던 어머니께는 안성맞춤인 대학이었다. 당시 교대는 임용고시 없이 졸업과 동시에 임용이 되기 때문에 어머니는 졸업하자마자 교사발령을 받았다. 어머니의 첫 발령학교는 연하초등학교였는데 당시 한 반에 학생이 60명으로 현재와는 사뭇 달랐다고 한다. 대부분의 초임교사들이 그렇듯, 꿈꿔왔던 교사 생활과는 달리 현실과의 괴리감에 치여 많이 고생하셨다. 당신의 말 한 마디에 배움에 정진하는 아이들을 상상했건만 웬걸, 사소한 것에 울고 다투고 싸움박질하던 어린이들에게 오히려 환멸을 느끼기도 했다고 하셨다. 그러나 군계일학같이 자신이 바랐던 참 학생들 몇몇을 보고 버티고 버티던 중, 군인 장교로 군 복무를 이행하시던 아버지를 만나 결혼을 하셨다. 역시 근속년수를 채우며 여러 학교에 전근을 다니셨고, 첫째를 낳았다. 첫째가 중학교 2학년이 되던 해 둘째를 낳았고 그것이 바로 필자다. 그렇다. 필자는 아주 늦은 늦둥이다. 첫째를 중국 소재의 대학에 보내고 남은 둘째만 대학에 보내면 우리 어머니의 인생에 큰 쉼표가 하나 찍히는 것으로, 은퇴를 생각하고 계셨다. 그러나 말 안 듣고 속만 썩이던 둘째는 결국 수험생활을 1년 더 하게 되었고 어머니께서 계획했던 은퇴가 1년 더 미뤄졌다. 아마도 이 1년이 어머니께 가장 고통스러웠던 1년이었으리라. 당시 맡았던 반의 아이들은 여러 가지 가정문제로 이미 어린아이들이 가질 수 있는 영악함이란 영악함을 전부 지녔다. 심지어 어머니의 면전에 대고 욕설을 뱉기도 했다. 아버지께서 말씀해주셨는데 어머니께서 필자 몰래 많이 울음을 터뜨리셨다고 한다. 아들의 대학이고 뭐고 정말 관두고 싶었는데 어머니를 버티게 한 원동력 2가지가 있었다. 첫째는 그간 가르쳤던 수많은 제자들이요, 둘째는 아들의 피나는 노력이다. 어머니께서는 30년을 넘게 교편을 잡아오셨던 터라, 임용 초기에 맡았던 제자들은 벌써 서른이 넘는 아저씨, 아줌마가 되었다. 가끔씩 연락이 닿는다고 하는데 종종 저녁마다 그들을 만나러 가시곤 했다. 어머니가 저녁때마다 행복한 흥얼거림과 웃음으로 외출복을 고르실 때면 항상 옛 제자들을 마나러 가시는 것이었다. 그들에게 딱히 위로를 받은 것은 아니지만 바라만 보아도 교사로서의 자긍심과 의지가 다시 솟았다고 하셨다. 더불어 두 번째로 작은 아들은 어머니의 이런 노력을 알았는지, 피나는 노력으로 공부했다. 어머니로서가 아닌 인생 선배로서 20살짜리의 노력에 탄력을 받으셨는지 결과적으로 마지막으로 1년을 아들과 함께 버티시고 은퇴를 하셨다. 아버지도 어머니와 동시에 은퇴를 하셨고 두 분이서 지금 아들들을 뒷바라지 하느라 삶에서 포기했던 것들을 하나씩 찾아가고 계신다. 어머니는 요리서부터 비즈공예까지 어머니이기 전에 여자로서의 면모를 하나하나 찾아가시는 듯하다. 앞으로 어머니의 소원은 둘째 아들이 괜찮은 처를 만나 심심한 가정을 꾸린 것, 두 아들들 모두 건강하게 자신의 삶을 관철시켜나가는 것들 오랫동안 지켜보는 것이라 하신다. 나도 이 어머니의 소원이, 특히 후자가 반드시 이루어지기를 소망한다.

인생을 100이라고 했을 때 어머니의 인생은 6할이 지나갔다. 그 중 5할은 아마 고통의 연속이었음을 확신한다. 배고픈 유년시절, 독한 마음을 품은 공부, 이상과는 동떨어진 교사, 14살 차이 늦둥이 출산. 어느 하나 쉬운 것 없이 살아왔다. 한 마디로 정리하자면 악착같았다. 나의 어머니라서가 아니라, 그 누가 보아도 악착같았다고 할 것이다. 이렇게 살아오면서 우리 어머니는 삶의 신념을 놓지 않았다. 아무리 힘들어도 도적질하지 않으며 부정을 저지르지 않는다는 신념을 어린 시절 나에게 귀에 피가 나도록 말씀하셨고 또 실천하셨다. 어머니를 존경한다고 하면 식상할까. 그러나 존경을 제외한 어느 단어도 어머니를 향한 내 감정을 표현할 수가 없다. 전심으로 나의 어머니를 존경한다. 감사와 사랑 같은 대부분 사람들이 어머니를 향해 떠올리는 단어는 아니지만 난 어머니하면 먼저 존경이 떠오른다. 그 어느 위대한 사람이 자신의 인생을 포기하고 타인을 위해 희생할 수 있을까. 우리는 그 위대한 모든 어머니들 속에서 치여 살고 있다. 그러므로 세상 모든 어머니들을 향한 평전은 전부 위인전이 아닐 수가 없다. 그래서 나는 이 글의 제목을 우리 어머니의 성함으로 정했다. 엽영선. 나에게만큼은 가장 최고의 위인인 사람의 이름이다. 여태껏 수도 없이 꺾여왔을 엄마의 두 발에, 휘어왔을 허리에 멋진 신발, 멋진 벨트 하나 입혀드리고 싶은 아들의 마음으로 정했다. 엽영선. 남은 4할은 반드시 어머니의 삶보다도 본인의 삶으로 채워졌으면 하는 바람으로 글을 맺는다.

'엄마'이자 여자로 산다는 것

옥정림(의생명시스템학부)

나의 멘토, 어머니에 대한 이야기를 하고자 한다. 흔히 '엄마'라는 존재는 항상 희생적이며 헌신적이고, 가정에 힘쓰는 인물로 묘사되곤 했다. 자식을 위해서라면 기꺼이 무엇이든 하며 끝없는 사랑을 베푸는 분으로 말이다. 나의 어머니는 앞서 설명한 엄마의 모습도, 존경받을 만한 여성의 모습도 가지신 분이다. 이제 그분의 이야기를 해 보려 한다.

어머니는 노력하는 사람이셨고, 지금도 여전히 노력하시는 분이다. 1남 3녀 중 셋째로 태어나셨는데 첫째이신 외삼촌의 의대입학, 둘째이신 이모의 미국 대학 진학으로 인해 어머니에게 돌아갈 학비가 넉넉지 못했다고 한다. 어머니의 부모님께서는 전액 장학금으로 입학할 수 있는 대학에 진학하시길 원하셨고, 그렇기에 원래 점수로 지원할 수 있는 대학보다 더 낮은 대학에 진학해야 했다. 그럼에도 불구하고 어머니는 명문대에 진학할 수 있었다. 수석으로 입학하신 어머니는 차석으로 졸업하셨고, 그 후 삶이 순탄하리라 생각하셨지만 그 당시 '여성'이 취직하는 것은 지금과 비교할 수 없을 정도로 힘들었다고 한다. 지금처럼 일자리가 없어 모두가 취직하지 못하는 것이 아니라, 단순히 여자라는 이유만으로 차별받던 시절이었기 때문이다. 어머니는 포기하지 않으시고 100여 번 이상의 이력서를 넣고, 취업에 성공하셨다. 취업 후 얼마 지나지 않아 첫째인 나의 오빠를 임신하셨는데, 당시 몸 상태가 근무와 태교를 동시에 진행할 수 없어 회사를 관두셨다. 1년 6개월이란 짧은 시간 후에 또 둘째인 나를 낳으시고, 육아에 힘쓰시다가 가정을 위해 다시 취업에 도전하셨다. 예전과는 달리 단번에 성공했지만 그 후의 삶이 결코 순탄했던 것은 아니다. 아버지는 연구원이셨던 터라 집에 항상 늦게 들어오셨고, 어린 오빠와 나를 챙기기 위해선 항상 집에 일찍 귀가하셨어야만 했다. 매번 어쩔 수 없이 '칼퇴근'을 해야만 했던 어머니는 승진이 늦춰지는 건 물론이고, 직장에서의 압박도 만만치 않았다고 한다. 하지만 거기서 어머니는 굴하지 않고 회계 관련 자격증을 취득하시며 회사 내에서 인정받고, 승진에 성공하셔서 팀장 자리를 맡게 되셨다. 그 후, 회사 내의 인수 합병 위기를 겪었지만 입사 동기들이 많이 그만두거나 해고당할 때에도 능력을 인정받아 팀장직을 계속 하신다고 했다. 현재는 미국공인회계사 자격증을 준비하시며, 미국으로의 장기 출장이나 이직을 생각하신다고 한다.

내가 가장 어머니를 자랑스럽게 생각하는 부분은 끊임없는 자기 발전과 희생이다. 앞서 말했듯이 어머니는 어린 오빠와 나를 결코 외롭게 두지 않으시면서도 회사 내에서는 누구에게나 인정받는 분이다. 어머니는 일에 대한 자부심이 있으신데, 그 자부심은 바로 어머니의 노력에서 나온다고 생각한다. 내가 어릴 적부터 봤던 어머니는 오빠와 날 항상 챙기시면서 자기발전을 게을리 하시지 않는 분이셨다. 물론 직업과 관련된 자격증 취득이 주를 이루지만, 그 외에도 영어나 컴퓨터 자격증 등등 늘 발전에 힘쓰셨다. 어머니께 물었다.

그렇게 공부만 하고 회사 일에 치이고, 오빠와 날 챙기다 보면 엄마의 삶이 너무 없지 않나. 어머니는 나에게 대답했다. 물론 일을 하는 것이 가족을 위해서지만, 일이 좋아서 하는 것이고 여자라고 해서 가정에만 있는 발전 없는 모습으로 남기 싫다고 하셨다. 때로는 일반 가정주부들처럼 평일 오후 카페 테라스에 앉아 커피를 마시며 친구들과 담소를 나누는 등 나른한 한때를 보내고 싶기도 하지만, 매일 매일이 그런 삶이 반복된다면 자신에게 남는 것이 아무것도 없을 것 같다고 말씀하셨다. 사회에서 인정받고 존경받는 것이 삶의 목표는 아니셨겠지만 '발전하는 사람' 이 되고 싶으셨다는 어머니의 말에 공감하는 바이다. 우리나라 가정들을 살펴보면, 결혼 후 경력 단절을 겪고 있는 기혼 여성이 굉장히 많다. 그들 중에서 육아에 전념하기 위해 가정주부를 택한 경우도 많지만 남편이 일을 하면 아내는 집에서 집안일이나 해야 한다는 옛날 사고방식에 갇혀서 그런 경우도 적지 않을 것이다. 아이를 돌보며 직장생활을 하는 이른바 '워킹맘'이 결코 쉬운 것은 아니다. 아이를 돌보는 것, 직장생활을 하는 것 각각의 것도 힘든 생활인데 그 둘을 한다는 것은 매우 어려운 일이다. 게다가 자기발전까지 더해진다면, 다른 사람이 보기에도 감탄스러운 모습일 것이다. 나는 그런 삶을 살아오신 엄마를 내 인생의 멘토로 삼고 싶다. 한 번 뿐인 삶에서 자기 자신을 위한 삶, 그리고 남을 위한 헌신적인 삶을 산다는 것이 나에게 가장 크게 와 닿았던 것 같다. 나는 어렸을 때부터 항상 어머니가 해주신 아침밥을 먹었다. 빵으로 때우거나 한 적도 없었고, 소풍갈 때도 어디서 사지 않고 손수 만들어 주셨다. 아침밥은 물론이고 가족들을 위해서라면 무엇이든지 하시는 분이었다. 내가 훗날 결혼을 하고 가정을 꾸리고, 아이를 가진다면 과연 엄마처럼 할 수 있을까? 생각이 들 정도로 어머니는 늘 우리 먼저 생각하는 분이셨다. 어머니께 이에 대해 여쭤

보았을 때, 너의 자식을 보면 무엇이든 해주고 싶은 마음이 들을 수 밖에 없다고 하셨다. 모성애가 대단하다기보단, 어머니가 대단히 가족을 생각하시기에 가능했던 일이라고 생각한다. 엄마로서, 아내로서의 모습까지 나에겐 정말 존경스러운 분이시다. 오빠와 내가 모두 성인이 된 지금까지도 우리를 여전히 잘 챙겨주시며, 여전히 발전하는 여성의 삶을 사시고 계신다. 어머니의 꿈은 오빠와 내가 자랑스러운 사람이 되는 것이라고 한다. 나의 꿈을 이루는 것이 어머니의 꿈을 이뤄드리는 것이다. 그런 어머니의 기대에 맞춰 나는 진취적이며 성장하는 사람이 되고 싶다. 결혼을 한 여성은 집에서 육아에 전념하느라 다른 일을 하는 것을 당연하게 어렵다고 보는 시선들이 많다. 내가 훗날 결혼을 해서 가정을 꾸릴지 아닐지도 확실치 않지만, 그렇던 아니던 나는 내 직업에 몰두할 것이며 직업과 관련된 것 외의 영역에서도 능력을 가지는 멋진 여성이 되고 싶다. 어머니의 꿈이자 자랑이 될 수 있도록, 그녀의 꿈이 되도록 노력하는 사람이고 싶다.

그 겨울이 지나고 봄이 오고

윤다혜(중어중문학과)

차디찼던 그 겨울을 또 한 번 버텨내고 새로운 시작을 알리려는 푸른 새싹들이 고개를 들기 시작하는 봄이 다시금 우리에게 찾아왔다. 그런 봄에 가장 먼저 생각나는 사람은 나의 엄마이다. 나에게 '탄생'이란 내 인생의 '시작'을 선물해줬기 때문이다. 오늘 내가 들려줄 이야기는 그런 '엄마'에 대한 이야기다. 다른 사람의 일생이라는 엄청난 시간을 그에 반도 못 살아본 내가 얼마나 잘 풀어낼 수 있을지 그 과정에서 실수를 범하진 않을지 걱정이 앞서지만 조심스럽게 이야기의 운을 떼어 보려 한다.

1969년 5월 13일, 따뜻한 온기를 가득 담은 봄기운이 파란 기와지붕을 감싸 안았을 때 우렁찬 울음소리가 방안을 메우며 그녀의 이야기가 시작된다. 賢(어질 현) 淑(맑을 숙), 이름의 의미처럼 그녀는 항상 어질게 일을 해결해왔고 맑은 마음으로 세상을 바라봐 왔다. 또한 그녀는 힘든 일이 닥쳐도 포기하거나 현실을 외면하지 않았다. 그녀의 어린 시절을 얘기해 보자면 그녀는 화가라는 꿈을 가지고 주변의 모든 것들을 작은 스케치북 안으로 데리고 들어가곤 했다. 동네 사람들은 그녀가 그린 그림을 보며 다들 칭찬을 했고 그녀의 마음속엔 더 큰 꿈이 몽실몽실 피어나고 있었다.

그러던 중 꿈을 접어야했던 사건이 그녀 앞에 찾아온다. 아버지의 사업 실패로 크게 기운 집안 형편 때문에 그녀는 그 좋아하던 그림을 그만 그려야했고 실업계 고등학교에 진학해야했다. 하지만 그녀는 포기하지 않고 자신의 언니에게 도움을 받아가며 열심히 공부했고, 4년제 대학에 진학을 성공하게 된다. 그렇게 명성 높은 대학은 아니었지만 유아교육과에 들어간 그녀는 또 다시 자신이 좋아했던 그림을 통해 아이들과 소통하려 했다. 졸업 후, 그녀는 동네의 작은 유치원선생님으로서 아이들이 자신만의 꿈을 꾸도록 도움을 주었다. 그 시기 즈음 그녀는 충청도에서 올라온 뭣도 모르는 청년과 사랑을 나누기 시작했다.

둘의 사랑은 폭주심지에 붙은 불꽃처럼 빠르게 타들어갔고 아름다운 빛을 내며 주변을 밝혔다. 사랑을 맹세하며 둘은 결혼을 했고 다음해에 그녀의 뱃속엔 작은 생명이 옅게 숨을 쉬고 있었다. 26살이라는 너무 어린 나이에 움튼 생명에 그녀는 겁이 났다. 잠을 잘 때도, 계단을 걸을 때도 그녀는 한순간도 긴장을 하지 않았던 적이 없다. 하지만 갑자기 찾아온 불행은 그동안의 노력을 순식간에 무너뜨리고 만다. 유치원에서 의자에 올라 찬장의 접시를 꺼내던 그녀의 의자에 부딪힌 아이와 함께 그녀는 바닥으로 곤두박질쳤고 그 순간 엄마라는 작은 시작의 불꽃은 꺼져버리고 말았다.

유치원을 그만 두고 병원에 입원해 있는 동안 26살의 그녀가 감당하기엔 너무나 무거웠던 죄책감이 그녀를 짓눌렀고 그녀는 우울한 나날을 버텨내야만 했다. 몇 달을 우울하게 지내던 그녀는 다시 일어나기 위해 천천히 다리에 힘을 주기 시작한다. 다시 유치원에 출근해 아이들을 봤고 그때마다 저려오는 가슴을 꾹꾹 누르며 우울한 시간을 버텨냈다. 그런 그녀에게 다시금 작은 생명의 숨소리가 조용히 스며들었다. 그 전과는 비교도 안 될 정도로 정성을 다했고, 그렇게 그들은 28살의 엄마와 아빠가 되었다.

따시로운 출발과 동시에 둘을 찾아온 건 IMF라는 또 다른 겨울이었다. 아빠는 실업자가 되었고 엄마 역시 마땅히 할 일이 없었다. 하지만 엄마는 어떻게 해서든 아이를 먹여 살려야했고 그래서 강해지기 시작했다. 어린 나를 등에 들쳐 업고 식당 설거지 일을 하루에도 몇 건씩 해내왔고 그녀의 손 위로는 딱딱한 갑옷이 입혀졌다. 너무나 추었고 그래서 힘들었던 겨울이 지나고 작은 3인 가족에겐 또 다른 가족과 함께 다시 봄이 찾아온다. 1998년 12월 8일, 그 날이 완전한 우리가족이 완성 된 날이다. 새로운 가족이, 새로운 시작이 왔음에도 아직도 마음만은 20살이던 아빠를 대신해 엄마는 항상 공부를 해왔다. 엄마의 공부가 완성이 될 즈음에 우리 집은 공부방이 되었다. 그 때부터 아이들을 가르치기 위해 소리를 질러 대다보니 엄마의 목소리는 하루하루 허스키하게 변해갔다.

공부방을 하면서 엄마는 동네에서 4인방 멤버를 꾸리게 된다. 하지만 그것이 가져올 불행을 그땐 아무도 몰랐다. 멤버 중 한 아줌마는 사기 전과범이었고 엄마는 그 피해자가 되어버렸다. 몇 천 만 원이 넘는 돈을 잃었고 우리 집은 다시 기울어졌다. 아빠와 싸우는 횟수도 늘어갔고 싸우고 나서 엄마는 항상 혼자 안방에서 숨죽여 눈물을 흘렸다. 옆에서 지켜보는 나는 너무 어렸기 때문에 당시 엄마를 어떻게 위로해야할지조차 알지 못했다. 하지만 엄마는 강했다. 다시 일어나기 위해 안간힘을 썼다, 엄마는 다시 공부방을 시작했다. 다시 우렁찬 목소리를 내기 시작했고 다시 공부를 하기 시작했다. 그렇게 몇 년이 지난 지금, 악착 같이 돈을 아끼고 없는 살림 속에서도 저축을 계속해왔던 엄마의 노력에 보상하듯 우리에겐 따뜻한 보금

자리가 생겼다.

수없이 많은 시련들이 엄마를 가로막았어도 엄마는 절대 포기하지 않고 그 길을 뚫고 나왔다. 나는 그런 엄마의 모습에 경이로움을 느끼면서 한편으론 안타까움 역시 느껴졌다. 엄마는 결국 자신이 그토록 원했던 화가라는 꿈을 밀어둔 채로 일생을 살아왔다. 뿐만 아니라 엄마가 됨으로써 포기했어야 했던 일 역시 많았을 것이다. 그런 모습에서 안타까움을 느꼈지만 그것이 불행하다고 말하는 것은 아니다. 엄마의 노력으로 우리 가족은 너무 평화롭게 잘 살고 있다. 단지 그녀의 아름다울 수 있었던 청춘이 더 아름답지 못했다는 것이 안쓰러울 뿐이다.

스스로 강해졌던 나의 엄마에게서 많은 배울 점을 찾아 볼 수 있었다. 내가 들려주는 이야기는 여기서 이렇게 끝이 나지만 어쩌면 그녀는 '엄마'라는 이름이 아닌 '우현숙'이라는 이름으로 아직도 자신의 꿈을 꾸고 있고 또 다른 시작을 준비하고 있을지도 모른다. 정말 어쩌면 지금 엄마에겐 또 다른 봄이 찾아오고 있을지도 모른다. 그렇기 때문에 나는 앞으로도 계속 그녀의 이야기에 주의를 집중할 것이다. 그리고 그녀와 함께 따사로운 봄날을 맞이할 것이다.

꿈에서 만난 그녀

이소연(화학공학과)

가족과의 즐거운 외식을 마치고 들어온 어느 날 밤, 무엇이 잘못되었는지 나는 밤새 고열과 복통에 시달렸다. 안방에 누워 머리에는 물에 적신 차디찬 수건을 얹었고, 눈을 감은 채 엄마의 배 쏙쏙 마사지를 받으며 나는 그렇게 잠이 들었다. 항상 꿈을 꾸는 나는 그 날도 어김없이 꿈을 꾸었다. 하지만 다른 느낌이었다. 확실히 평소와는.

눈을 감은지 얼마 되지 않아 내 눈앞에 펼쳐진 광경은 1969년 1월 추운 겨울, 작은 방 하나에 옹기종기 모여 아기의 탄생을 기다리는 한 가족이었다. 그 작은 단칸방에서 우렁찬 울음소리가 울려 퍼졌고, 그 날은 막내딸이 세상의 빛을 본 역사적인 날이 되었다. 어린 동생들을 돌보던 첫째와 둘째는 아이의 힘찬 울음소리를 듣고 동생들의 손을 붙잡은 채 엄마에게 달려갔고, 아기를 낳은 어머니는 갓 태어난 핏덩이를 안고 눈물을 흘렸다.

"미안하다, 미안하다. 이 어린 것이 무슨 죄가 있다고..."

이 친근한 얼굴과 목소리, 억양. 나의 할머니였다. 어리둥절한 채로 주위를 살펴보았다. 이 집은 내가 매일같이 오는 할머니 댁의 옛 모습이었고, 어린 자식들의 얼굴을 자세히 보니 나의 이모들과 외삼촌이 분명했다. 그렇다면 방금 태어난 그 아기는 사랑하는 나의 엄마, 안선희 여사님이다. 엄마의 탄생을 목격한 나는 나도 모르게 그 자리에서 왈칵 눈물이 나려했지만 꾹 참았다. 너무나도 신비롭고 영광스러운 날이었기에. 마음을 추스르고 하나하나 되짚어보던 중 연거푸 미안하다는 말만 반복하셨던 할머니의 말에 의문을 품었다. 그때, 꿈이었지만 현실에서 들었던 엄마의 말이 떠올랐고, 바로 할머니의 그 미안함을 이해할 수 있었다.

딸이 유난히도 많았던 딸 부잣집에서 아들을 간절히 원했던 할머니는 뱃속의 아기의 성별이 여자라는 사실을 알고 난 후에 절망하지 않을 수 없었다. 할머니는 큰 결심을 한 채 병원으로 향했다. 파르르 떨리는 입술을 꽉 깨물고 의사에게 이 아기를 지워달라는 말을 조심스레 전했다. 쉬운 결정은 아니었을 것이다. 의사 또한 산모가 그 결정을 내리기까지 얼마나 많은 흔들림이 있었고 수 백 번의 고민을 했으며 얼마나 많은 눈물을 흘렸을지 알고 있었다. 하지만 말을 전했을 때 돌아온 의사의 대답은 할머니의 심장을 무너지게 만들었다.

"복덩이에요 이 아이. 장담할게요 어머니."

이 한마디에 결국 할머니는 눈물을 쏟으며 왔던 길을 되돌아 집으로 발걸음을 옮겼고, 덕분에 나 조차도 그 울음소리를 들을 수 있었던 것이 아닐까.

자기 전 머리 위에 얹어놓았던 수건이 말라갈 때 즈음, 복통에 시달리던 나는 잠시 눈을 떴다. 옆에는 배를 문질러주던 엄마가 내 배 위에 손을 올린 채 잠들어있었다. 그리고 저 멀리 내 방에서 엄청난 코골이 소리가 들리는 것으로 보아 아픈 딸에게 엄마를 내어주고 쓸

쓸히 혼자 잠을 청하는 아빠의 모습을 상상할 수 있었다. 아빠에게 미안하지만 오늘만큼은 엄마 곁에는 내가 계속 있으리라. 혹시나 그 꿈은 내 배 위에 올라와있던 엄마의 손길 때문이었을까? 온갖 상상을 하며 나는 다시 그 따스한 온기를 자장가 삼아 잠에 들었다.

갓 태어난 아기였던 엄마가 이번 꿈에서는 조금 더 성장한 어린이의 모습으로 나와 마주했다. 반가운 마음에 꼬옥 끌어안고 싶었다. 나 혼자서만 엄마가 보이는 상황이었기에, 아쉬움을 머금고 다시 상황을 묵묵히 지켜보기로 했다.

농사일이 유일한 돈벌이였던 할머니는 항상 바쁘셨고 첫째 딸은 장녀의 짐을 짊어지고 돈을 벌기 위해 수원으로 나섰다. 그러한 집안의 사정상 할 수 없이 둘째는 학교를 포기하고 막내인 나의 엄마를 업어 키워야 했다. 이 사실을 알고 자라온 나였기에 그 모습을 꿈에서라도 볼 수 있다는 사실이 그저 신기했다. 눈앞에는 우는 엄마를 업어 달래는 이모가 보였다. 힘들었을 이모를 생각하고 나니, 어린 시절의 엄마를 만나서 반가웠던 마음은 저 마음 한구석에 눌러놓고 울고 있는 엄마를 한 대 콩 때려주고 싶었다. 장면은 눈 깜짝할 새 사라졌다. 다시 보이는 모습은 지금도 친구처럼 지내는 넷째, 다섯째, 그리고 막내 셋이서 늦은 밤 이불을 뒤집어 쓴 채 텔레비전을 보고 있는 모습이었다. 조심스레 나도 옆에 누워보았다. 바로 그 순간 저 멀리서 엄하신 아버지, 나의 할아버지의 불호령이 들렸고 꼬꼬마 셋은 재빠르게 텔레비전의 전원을 끄고 자는 시늉을 했다. 키득대며 약 1분도 안 되는 시간이 흘렀다. 세 명의 꼬마는 조심스레 이불을 텔레비전에 덮어씌워 불빛을 차단시키고 나서야 다시 전원을 켰다. 큰 소리에 놀란 건 나도 마찬가지였지만 잔머리를 굴리는 꼬마들의 모습이 너무 귀여워 볼을 꼬집어주고 싶었다. 생각해보면 지금 나의 이모들인데 말이다. 엄마는 어렸을 적 이렇게 살아왔구나 생각하며 엄마의 옆에 누워 텔레비전을 보다 보니 장면은 그새 바뀌었다. 때는 엄마의 국민학교 입학식 날, 나는 할머니가 엄마를 딱 잡고 말씀하시는 순간을 목격했다.

"너는 이제 미애가 아니야. 우리 미애 이름은 이제 선희야. 알겠지?"

당황하는 어린 엄마의 표정을 보았고 그 찰나에 원래 이름이 '선희'가 아니었다는 엄마의 말이 떠올랐다. 예전 동사무소는 이름과 생일 등이 잘못 표기되는 경우가 많았다는데 그 중의 한 예가 우리 엄마인가보다 싶었다. 역시 우리 엄마는 특별한 존재구나. 그 후 키가 작아 반에서 키 번호 1번으로 배정받은 꼬마의 모습, 그 키 작은 꼬마가 중학교에 입학한 모습, 무릎을 덮는 긴 치마를 입은 발랄한 여중생의 모습, 틈만 나면 언니들과 토닥대는 막내의 모습이 영화처럼 꿈속을 스쳤고, 학교를 다녀오면 다 같이 농사일을 돕는 효녀의 모습부터 여고생이 공부는 나 몰라라 친구들과 지하상가를 한없이 돌아다니는 뺀질이의 모습까지 엄마의 어린 시절을 여행할 수 있었다.

장면들이 흐릿해져 갈 때 즈음 대학교에 입학한 엄마의 모습이 보이기 시작했다. 집안 형편 상 자식들 모두가 대학에 갈 수 없어 유일한 아들인 외삼촌과 복덩이 우리 엄마만이 대학에 진학할 수 있었다는 것을 알고 있었다. 이러한 사실뿐만 아니라 캠퍼스 커플이었던 엄마와 아빠의 러브스토리도 구경할 수 있다는 생각에 들뜬 나는 억지로 잠을 더 청하려 노력했다. 배경은 대학교 동아리방. 여섯 명의 친구들 사이에 엄마가 보였고, 나머지 다섯 명 중 눈에 띄게 준수한 외모를 가진 남자, 바로 지금 나의 아빠였다. 큰 눈에 오똑한 콧날을 가진 저 청년이 나의 아빠라는 사실에 현재 배불뚝이 아빠의 모습이 불현 듯 떠올랐고, 한 살 한 살 나이가 들 때마다 함께 따라온 나잇살의 위대함에 잠시 감탄하기도 했다. 여섯 명의 친구들 사이에서 둘이 몰래 꽁냥거리는 모습에 내 마음까지 간질간질했고, 엄마 아빠의 풋풋한 연애를 눈으로 직접 보니 괜스레 혼자 흐뭇해지기도 했다. 아빠의 군대를 기다리며 첫 사회생활에 발을 내딛은 엄마의 모습이 나오기 시작했다. 건축설비과를 졸업한 후 건축사무소에 취직한 엄마의 모습과, 간호조무사로 일하는 엄마의 모습, 비서실에서 근무를 하는 엄마의 모습들이 지나간 후 마지막에 나타난 모습은 결혼식장에서 해맑게 웃고 있는 엄마와 아빠였다. 맵시 나는 양복을 말끔히 차려입은 신랑과 순백의 드레스를 입은, 눈부시게 예쁘장한 신부가 많은 사람들의 축복을 받고 있었다. 이 상황을 봤을 리 없는 딸에게는 매우 가슴 벅찬 순간이었다. 하지만 결혼과 동시에 다니던 직장을 그만둔 후 육아에 전념하는 엄마의 등장에 마음이 시렸다. 지금까지 보아왔던 엄마의 그 어떤 모습보다 위대했다. 오빠와 나를 누구보다 훌륭한 자식으로 키우기 위해 노력했던 엄마임을 누구보다 잘 알고 있기에 그 슬픔은 배가 되었다. 꾹 참아왔던 눈물이 터지고야 말았다. 엄마가 살아온 힘들었던 나날들, 엄마라는 이름 하나로 우리를 위해 희생해야 했던 시간들, 그럼에도 우리가 잘 되기만을 바라던 엄마의 마음에 눈물이 멈추지 않았다. 어느 누구의 눈도 신경 쓰지 않고 펑펑 울었다. 얼마나 오랜 시간이 흘렀던 것일까. 흥건히 젖어 하늘색의 베개가 파랗게 될 때 쯤 잠에서 깨어났고, 여전히 엄마의 손은 내 몸 위에 얹혀 있었다. 한참동안 멍하니 엄마의 얼굴을 바라보았다.

남들의 시선 속 엄마는 모든 걸 나누어 주고 뿌리만 남은 초라한 밑동일지도 모른다. 하지만 언제나 내 마음 속의 엄마는 거대하며 시원한 그늘을 만들어 주는 울창한 나무와도 같은 존재이다. 나만의 나무를 바라보고 있으니 마음은 편안해지고 잡다한 생각들이 정리되는 듯 했다. 엄마를 끌어안았다. 점차 해는 뜨고 있었고, 배 아픔은 말끔히 사라져있었다.

감당하기 벅찰 정도로 수많은 감정을 한 번에 느낀 밤이다. 인과관계를 찾기 힘든 장면들의 연속이었지만 분명한 건 평생 잊지 못할 꿈이라는 것이다. 매일같이 꿈을 꾸는 나에게 이 날의 꿈은 선물과도 같았고, 내 평생에 있어서 가장 깊고 아름다운 꿈이 아니었을까.

오현정씨는 이렇게 말했다.

전혜미(철학과)

2016년, 오현정이라는 이름을 가진 여자가 슬하에 남편과 두 딸을 거느리고 행복하게 살고 있었다. 그러나 그녀는 이런 삶을 사는 자신을 자신의 또 다른 자신이라고 말하면서 곧 다른 자신을 찾아 나선다고 하니 그 딸이 이를 괴이하게 여겨 이렇게 묻는다. 그녀는 딸에게 자신의 이야기를 풀어놓는데 그 이야기가 후세에 길이 남을만한 점이 있어 이렇게 짤막한 글을 남긴다.

그녀는 25년 동안 아버지 밑에 있었다고 한다. 어린 시절 그녀는 평범하고 조금은 가난한 집안에서 태어났다고 한다. 그러나 목동에 아파트가 두 채 있는 것으로 보아 그렇게 평범해 보이진 않는다. 그리고 그녀의 남동생은 미국으로 유학까지 다녀왔는데 그 돈이 썩 적은 돈이 아니지 않은가? 그녀는 어린 시절을 회상할 때면 스스로 소심하고 얌전하고 나서지 않는 자녀였다고 한다. 그녀의 어머니는 일찍이 부모님을 여의고 친척 집에 잠시 있다가 고아원에서 자랐다. 자신의 할아버지는 전쟁통에 의용군으로 끌려가 아버지는 홀어머니 밑에서 자랐다고 한다. 그래서인지 집안에 우울한 기운이 많았고 그에 영향을 받았다고 한다. 유치원 시절과 초등학교 시절은 멋모르게 그럭저럭 지냈다. 그녀는 교회에 가신 어머니를 대신해서 동생들에게 밥을 차려주고 빨래와 청소 등 살림을 도맡아 했다. 특히, 불과 12세에 이미 어머니만큼이나 된장국을 잘 끓였다고 한다. 그녀는 어리광을 부릴 나이에 이미 한 사람의 성인 역할을 했어야만 했다.

아버지는 그녀에게 초등학교만 마치고 공장에서 일해서 살림을 도맡아 하면서 동생들을 키워주길 바랐다. 중학교만 보내달라고 사정해서 중학교에 갔고 공부를 더 하고 싶다고 매달려서 고등학교까지 겨우겨우 끝냈다. 사춘기 땐 매일 밤 이불을 덮어쓰고 많이도 울었다고 한다. 그녀는 공부를 제일 잘했지만 가장 학력이 낮다. 그녀의 여동생은 대학에 진학하여 문제집 만드는 회사에서 일했고 그녀의 남동생은 미국대학에서 교수까지 할 정도로 학력이 높다. 그러나 대학을 꿈도 못 꾸고 그녀는 상업고등학교를 끝으로 일해야만 했다. 첫째에게만 강요된 책임감과 희생이 그녀를 힘들게 했다. 그래서인지 사회생활이라는 것에 적응하기 힘들었다.

그 후 25세에 여행을 좋아하는 키 큰 남자를 만나서 결혼했다. 아버지 밑에서 남편 밑으로 움직였다. 이것이 그녀가 말한 또 다른 자신이다. 그녀는 착하고 순박한 모습에 반했다고 한다. 둘은 결혼해서 주말마다 여행하면서 서로를 사진 찍어 주었다. 집에만 있어야 했던 갑갑한 가족을 벗어나 새로운 둥지를 튼 그녀는 즐거워했다. 그녀가 보여준 남편이 찍어준 사진에는 애정이 뚝뚝 떨어졌다. 남편은 티가 나게 사랑을 말하지 않았지만, 그녀를 분명 사랑했다. 사진이 매우 따듯했다.

하지만 상황이 좋지 않게 흘러가 그녀의 남편은 늘 바빴다. 그런 남편 때문에 딸과 함께 혹은 혼자 어딜 나갈 엄두도 내지 못했다. 그리고 다음 해 또다시 딸을 임신했다. 두 딸이 부담되었지만, 그녀는 두 딸을 책임져야 할 사람이 되었다. 힘들다고 말할 수도 없었을 것이다. 그녀는 '어머니'라는 이름으로 모든 것을 감내해야 했다. 아마 딸이 두세 살이 될 때까지 무척이나 외로웠을 것이다. 그러나 딸이 조금 크자 서로 대화가 되었고 그녀의 대화 상대가 되었다. 두세 살짜리 아이들에게 의지했던 신혼 생활은 좋아 보이지 않는다. 그러나 어여쁜 두 딸 때문에 견딜 수 있었다고 한다.

그녀는 얼마 남지 않은 남편 밑에서의 25년을 회상하면서 다시 이 말을 정정했다. 남편 밑이 아닌 딸들 곁에 있었던 것이라고 한다. 그녀는 훌륭하게 아이를 키웠는데 이는 두 자매의 상반된 회상을 통해 알 수 있다. 그녀의 첫째 딸은 자신이 첫째이기 때문에 더 많이 사랑받고 자랐다면서 동생을 안타깝게 생각한다. 그녀의 막내딸은 자신이 막내이기 때문에 사랑을 더 많이 받고 자랐다고 언니를 안타깝게 생각한다. 서로가 편애 받고 자랐다고 생각한다는 점이 얼마나 공평하게 사랑을 주었는지 알 수 있다.

또한 그녀는 딸에게 이런 말을 했다. "외할머니, 외할아버지는 내가 없어도 살 수 있어. 집이 두 채 있으니 집 팔아서 생활하면 되고 도와줄 삼촌이나 이모도 있어. 그러나 너희는 아무것도 없어. 내가 어렸을 때 그렇게 집을 나가고 싶어도 아무것도 없어서 집에 붙어 있어야만 했던 그 비참함을 다시 대물려 주고 싶지 않아. 나는 내 부모도, 남편보다 너희가 우선이란다."

그러나 그녀는 아마 딸들을 키우면서 지친 것 같다. 아버지 밑에서 25년, 딸들 곁에서 25년 그 후 삶은 온전히 자신을 위해서 사용하고 싶다고 한다. 딸들 곁 25년이 끝나는 시점이 막내딸이 대학을 졸업하는 나이이다. 그녀는 더는 누군가에게 얽매이고 싶지 않아 한다. 두 딸을 모두 독립시킬 것이라고 한다. 일을 잘하면 나오는 보너스처럼 자신에게 시간과 여유를 주고 싶어한다.

최근 취미 하나 없던 그녀에게 취미가 생겼다. 자전거와 음악이다. 그녀는 매주 딸들과 자전거를 타러 간다. 그녀는 이것을 자전거 여행이라고 표현한다. 자영업을 해서 가게 문을 닫고 어딘가로 놀러가는 것이 익숙하지 않아 일요일 하루조차도 여행처럼 느껴지는 듯하다. 또한 취미로 인터넷 음악 방송을 듣는다. 인터넷에서 또 다른 자신을 만들어냈다. 그녀는 중년 남성이다. 더는 여자이고 싶어 하지 않는다. '어머니'라는 책임감을 인터넷에서만큼은 던져버리고 싶은 것 같다. 최근 자신의 이야기를 에세이 형식으로 쓰고 있다. 지금까지의 삶을 회고하고 앞으로 다가올 다른 삶을 위해 정리하는 듯하다.

그녀는 어머니라는 이름으로 딸들에게 헌신적이었던 것은 높이 살만 하다. 그러나 이는 '오현정'이라는 이름은 제대로 사용하지 못했다. 최근 취미가 생겼으니 차차 나아지고 있음을 보여준다. 그녀가 과연 자신만을 위한 삶을 살 수 있을지는 사실 의문이다. 그녀는 정이 많고 마음이 여린 사람이기 때문이다. 인터넷에서 한 번도 빼빼로를 받지 못했다는 장애인에게 직접 빼빼로를 사서 보내줄 만큼 친절하다. 물론 이 또한 그녀를 위하는 것일 수 있다. 그녀를 위한 삶을 살겠다는 것이 무슨 의미인지 모를 만큼 그녀는 '어머니'였다. 이 때문에 나는 잘 자랄 수 있었으나 이런 삶을 살고 싶지 않다는 생각이 든다. 사랑하는 오현정을 위하여.

과거와 현재가 전하고 있는 것, 미래에도 전해지고 있을 것

최병권(중어중문학과)

어떤 사람이라도 초등학교 때 한 번쯤은 일기를 써 본 적이 있을 것이다. 그 어떤 사람들의 반은 그 일기가 책장에 고이 꽂아져 있을 것이고, 또 그 어떤 사람들의 반의 반은 가끔 생각날 때마다 일기를 책장에서 꺼내 읽을 것이다. 마지막으로 그 어떤 사람들의 반의 반의 반은 아마 지금까지 쭉 일기를 쓰고 있겠지. 나의 경우에는 그 반의 반의 반이다. 일기는 여과 없이 감정을 솔직하게 드러내는 글이기에 책읽기를 좋아하시는 어머니의 일기는 어떤 내용일지 궁금할 때가 많이 있다. 이 평전을 쓰기 위해 했던 인터뷰는 나에겐 마치 어머니의 긴 일기장을 읽고 있는 느낌이었고 가벼운 마음으로 시작했었던 평전은 어느샌가 중요한 의미로 다가왔다.

한 아이의 어머니라는 존재가 될 줄은 꿈에도 몰랐던 '박경숙'은 1971년 2월 경상북도 안동의 한 시골 동네에서 1남 3녀 중 둘째로 태어났다. 보수적이라고 소문나 있는 지방, 안동의 시골 가정집 치곤 비교적 자유로운 집안 분위기였지만 7-80년대 특유의 개성보다는 순종이 우선시되는 사회 전반적인 군인문화 때문에 그녀는 크게 앞서지도 그렇다고 크게 뒤처지지도 않는 평범한 초등학교 시절을 보냈다. 그렇게 무난하게 지나간 초등학교를 졸업하고 진학하게 된 중학교는 여자중학교였는데, 남자가 없는 공간이라는 학교의 특성은 그녀에게 겪어보지 못한 색다른 경험을 제공하고 친구들과의 우정을 돈독히 하는데 기여했다. 이러한 행복한 생활은 그녀가 이후 진학한 여자고등학교에서도 자연스레 이어진다. 게다가 이 행복한 생활은 고등학생이 된 그녀에게 한 가지 선물을 하는데, 그 선물은 바로 '인생을 통틀어 가장 신나는 생활'이다. 좋아하던 선배언니의 생일 선물을 사려고 용돈을 몇 달씩 모으거나 가까워지는 시험 스트레스를 해소하기 위해 친구들과 가까운 댐으로 소풍을 가고, 고등학교 3학년 때는 친한 6명의 친구와 처음으로 안동이 아닌 다른 도시로 떠나 세상의 견문을 넓히는 등 학생이기에 겪을 수 있는 따뜻한 추억이 될 수 있는 경험을 쌓았다. 이러한 선물들을 마음속에 간직한 채 그녀는 대학에 진학했다. 고등학교 졸업 후 취업이 잘된다는 이유에서 경영학과에 입학하는데 졸업 때까지 한 번도 장학금을 놓친 적이 없었을 만큼 엄청난 노력과 정성을 학업에 쏟았다. 그러나 졸업을 하고나니 막상 대기업에 입사하는 것은 생각보다 체질에 맞지 않았다. 그녀는 막연하게 느껴지지만 꼭 이루고 싶었던 무용가라는 꿈을 품고 있었기 때문이다. 그 멀어 보이는 목표를 향해 더 가까워지기 위한 첫 발자국으로 에어로빅 강사를 택했다. 이를 위해 수원에서 학원에 다니며 자격증 취득에 정성을 다하던 그녀는 마침내 사회와 자신의 꿈에 첫걸음을 내딛는다. 자신의 꿈을 좇는 그녀의 강사 생활은 말 그대로 꿈에 그리던 삶이었다. 그렇게 행복한 시간은 몇 년 동안 계속되었다. 하지만 격렬한 움직임이 있는 스포츠인 만큼 무릎에도 부담이가 아쉬운 마음을 뒤로 한 채 한 중소기업에 취업을 했다. 그러던 어느 휴일에 그녀는 교사인 친언니의 발령지였던 울진에 놀러 가는데 그곳에서 그녀에게 새로운 인생을 선물한 운명적인 만남을 하게 된다. 바로 나의 아버지, 교사 '최호진'과의 만남이었다. 그들은 느긋한 연애 끝에 1996년 결혼을 하고 1997년 8월 8일 그녀 인생에서 가장 기뻤던 순간이라고 하는 나 '최병권'을 이 세상에서 처음으로 만난다.

이렇게 '내'가 태어나기 전까지의 어머니의 이야기는 나를 마치 가이드북을 들고 다니는 여행객으로 만드는 듯한 느낌을 받는다. 내가 안동에 살며 자주 다니던, 혹은 스쳐 지나가며 들렀던 적이 있는 장소는 어머니의 이야기라는 가이드북이 그 장소에 또 다른 의미를 부여해준다. 그 의미는 대부분의 여행객들에게 그러한 것과 마찬가지로 나로 하여금 마음 한 구석에 묘한 장엄함, 크게는 경외감마저 느끼게 한다. 이러한 마음의 자극의 원인은 분명 그녀에게도 나와 같은 시절이 있었다는 것을 깨닫게 되었기 때문일 것이다. 천진난만했던 초등학생시절, 학업의 스트레스에 시달리면서도 한 편으론 그것을 잊게 해주는 친구들을 만나는 즐거움이 있는 학창시절, 마지막으로 이제 막 대학교 1학년 학생이 된 내가 겪고 있는 꿈과 미래에 대한 고민이 가득한 지금.

아이가 태어나고 세상과 마주하기엔 아직 한참 여린 자식을 돌보기 위해 그녀는 직장을 포기한다. 그녀의 남편의 근무지가 영주에 있었기에 그곳에 살게 된 결혼 생활은 따듯한 사랑의 가족생활이었지만 모든 것이 순탄치만은 않았다. 타지 생활이라는 요인도 있었지만 무엇보다 육아라는 의무와 기대와는 달랐던 남편의 성격 때문이었다. 게다가 어느 날엔, 남편이 다니는 학교가 통합되어 이사를 갈 수 밖에 없는 상황에서 내몰리듯 안동으로 삶의 터전을 옮기게 되었다. 이 일은 그녀에겐 상당히 충격적인 일이었다. 하지만 이 일로 인하여 자신의 고향에 살게 되었고 이러한 위기 속에 남편과의 화합이 더 잘 이루어졌다는 것은 가족에게 긍정적인 결과였다. 괴팍한 성격으로 인해 남과 잘 어울리지 못하던 아이를 돌보느라 거의 모든 시간을 육아에 할애했던 그녀의 일상도 이후 아이가 점점 자라나며 정신적으로도 성숙해지며 여유도 점점 생겨났다. 처음엔 집에서만 할 수 있는 책읽기, 요리 등이 여가의 전부였다면 시간이 지나며 세계여행 그리고 수영, 탁구, 배드민턴과 같은 스포츠, 더 나아가 미용사 자격증에 도전하기도 하고 현재는 심지어 자신만의 건강샵을 운영하며 행복하고 즐거운 그녀만의 삶을 자유롭게 즐기고 있는 중이다.

내가 태어나기 전의 이야기가 나를 여행객으로 만든다면, 내가 태어난 후의 이야기는 나를 어머니께서 쓰신 책의 독자로 만든다. 이 책의 필자는 삶이라는 이야기로 전하고자 하는 메시지를 독자에게 은유적으로, 때론 직설적으로 표현한다. 독자는 끊임없이 그 메시지의 의미를 이해하기 위해 노력하지만, 가끔은 필자의 의도와는 다른 방향으로 의미가 전달될 때도 있다. 하지만 필자의 의도와는 다른 독자의 해석도 크나큰 의미가 있듯이 잘못 전달된 의미는 생각지도 못한 곳에서 도움이 되기도 한다. 그 메시지가 지금으로서는 대학교라는 새로운 환경에 처해진 내가 가지고 있는 어떻게 하면 행복한 삶을 살 수 있을 지에 대한 고민을 어머니께서 현재를 즐기시는 모습으로 전해지고 있다.

어머니에 대한 나의 어릴 적 기억은 '헌신'과 '사랑'이라는 단어로 채워져 있다. 앞서 말했듯이 어머니께선 직장인이셨지만 아버지와 만나 결혼을 하고 나를 낳게 되며 그녀의 남은 생을 나를 위해 보내기로 하시는 중대한 결정을 하신다. 어머니께선 직장을 포기하신 이유가 그 때의 사회 분위기가 그랬었다고 말씀하시지만 갓난아기였던 때부터 한 집에서 함께 살아오며 또한 교감한 나는, 그녀의 솔직하고 적극적이며 자유로운 성격이 그 결정이 얼마나 헌신적인 결정이었는지를 말해주고 싶어하는지 느낄 수 있다. 이 글을 쓰기 위해 어머니께 인터뷰를 부탁하기 전엔 사실 어머니의 예전 이야기는 자주 들을 수 있는 것이 아니라서 조각처럼 부분 부분으로 내 기억에 존재했다. 하지만 이와 같이 과거의 내가 어머니와 나눴던 이야기가 현재의 나에 의해 새로운 의미를 부여 받은 것처럼 내 머릿속 무수한 조각들은 언젠가 미래의 나에 의해 하나의 아름다운 작품이 될 것이라고 나는 믿는다.

평범한 어머니와 특이한 아들 이야기

최영균(정치외교학과)

부모님을 평한다는 것은 어떤 자식에게든 어렵고 조심스러운 일일 것입니다. 누구에게나 부모님이라는 단어는 형용하기 어려운 애틋함일 테니까요. 저에게는 특히 더 그렇습니다. 제가 어떻게 감히 부모님이라는 이름의 숭고함에 대해 평할 수 있겠습니까만, 제가 22년 동안 보아온 저희 부모님, 그 중 어머니에 대하여 몇 줄 적으려 합니다.

저희 어머니의 성함은 현해숙입니다. 1965년생으로 올해로 52세가 되셨지요. 어머니께서는 항상 스스로를 '어디에나 있는 평범한 소녀, 처녀, 아내, 어머니'였다고 하십니다. 저는 그것이 어머니를 가장 잘 표현할 수 있는 정의라고 생각합니다. 어머니께서는 동년배의 여성들처럼 평범한 소년, 청년기를 성실하게 보내셨고 지금은 좋은 아내이자 어머니의 역할을 잘 수행하고 계십니다. 그럼 제 어머니에 관해 그다지 이야기할 것이 없는 것일까요? 그렇지 않습니다. 저는 저희 어머니로부터 평범한 여성의 위대한 사랑과 인내심을 생생히 보았습니다.

어머니와 달리 저는 평범하고 무던하게 또래와 조화를 이루는 성격이 아니었습니다. 다소 특이한 가치관과 감성 때문에 때때로 타인과 자신을 상처주곤 했던 사회의 주변인이었지요. 어머니께서는 이런 특이한 소년을 아들로 두었던 것을 가장 큰 영광이자 부담이라고 여기셨습니다. 제가 학교에 입학한지 얼마 지나지 않아, 어머니께서는 당신의 아들이 학교에 잘 적응하지 못한다는 것을 알게 되셨습니다. 어머니께서는 자식을 사랑하는 평범한 부모가 마땅히 할 법한 일을 해주셨습니다. 스포츠 교실을 보내주셨고, 아들에게 친구들과 함께하는 자리를 애써 만들어주셨지요. 그러나 그러한 혜택의 수혜자인 아들에게 어머니의 정성은 오히려 부담감과 괴로운 경험의 원인이었습니다.

아들은 점점 더 자기만의 세계에 빠지게 되었고, 결국 사람에게 극도의 공격성을 보이는 사회부적응자가 되고야 말았습니다. 세상 모든 어머니에게 자식의 고통은 죄책감으로 다가오는 법입니다. 너무나도 평범하고 정상적이었던 저희 어머니는 도저히 이해할 수 없는 아들의 행동 때문에 크나큰 실의에 빠지셨습니다. 어머니께서는 당시를 "모든 불행이 내 죄의 벌인 것 같았다."라고 회상하십니다. 유학, 신경정신과 치료 등 생각할 수 있는 모든 수단을 시도했지만 결국 어떠한 성과도 내지 못한 어머니께서 하실 수 있었던 유일한 일은 기독교에 귀의하고 신에게 아들의 행복을 기도하는 것뿐이었습니다. 그러나 눈앞에 모든 문이 닫히던 순간, 기도가 응답받은 것이었는지 새로운 빛이 비쳤습니다.

어머니의 아들은 비록 자기만의 세계 안에 갇혀있을지언정 결코 무기력한 소년은 아니었습니다. 어느 순간 아들은 자신의 마음이 변하면 세상 역시 다르게 보인다는 것을 어렴풋이 깨닫게 되었습니다. 그러나 아들에게도 자신을 변화시키는 것은 결코 쉬운 일이 아니었습니다. 바로 그 때, 언제나 그랬듯이 아들은 어머니로부터 도움을 받게 되었습니다. 이번의 도움은 이전의 그것들과 완전히 달랐습니다. 어머니께서 당신의 아들의 교감이 불가능하고 빠른 시일 내에 그것을 기대할 수 없다는 현실을 받아들이신 것입니다. 어머니께서는 더 이상 아들을 어떤 방향으로 지도하려 하지 않으셨습니다. 대신 평범한 당신과 특이한 아들의 차이를 이해하려 하셨습니다. 어머니께서는 아들이 스스로를 개선하려 하는 일이라면 공부든 운동이든 그 어떠한 것이라도 지원해주셨고, 자신의 의견을 내세우지 않으셨습니다. 그런 때에 어머니께서 제게 말씀하셨던 유일한 말씀은 "네가 하려는 일이 무슨 일이든 나는 내 아들을 믿는단다. 사랑하니까."였습니다.

감정이 미숙했던 아들의 가슴에도 이러한 사랑의 온기는 전해졌습니다. 아들은 어머니의 아무 것도 묻지 않는 사랑을 발판 삼아 사회에서 적응하기 위한 연습을 시작했습니다. 그 연습은 좌충우돌하는 고통의 과정이었습니다. 그리고 아들은 연습 와중에 생긴 스트레스를 부끄럽게도 어머니에게 신경질 내는 것으로 풀었습니다. 어머니께서는 초인적인 인내심으로 아무 잘못 없이 겪어야 하는 짜증을 묵묵히 받아내셨습니다. 어느 날 어머니께 어떻게 그러실 수 있었냐고 질문했을 때, 어머니께서는 "내 아들이 의지할 데가 나밖에 없는데, 내가 참아야 네가 살 수 있지 않았겠니?"라고 대답하셨습니다. 이런 크나큰 사랑과 인내심에 의지한 아들은 점점 더 온화해졌고, 드디어 고교 자퇴 후 3년 만에 사회에 복귀할 수 있게 되었습니다. 바로 이 숭실대학교에 말입니다. 숭실대학교에 합격한 날, 아들은 들뜬 마음으로 어머니께 여쭈었습니다. "제가 이제는 자랑스러운 아들인가요?" 어머니께서는 만면에 미소를 지으시며 "자랑스러운 아들이 아니었던 적이 없었지."라고 답하셨습니다. 그 날 비로소 청년이 된 소년은 두 가지의 서로 다른 환희에 겨워 눈물을 흘렸습니다.

제가 신께 가장 감사하는 것은 바로 어머니가 지극히 평범한 분이라는 점입니다. 어머니를 곁에서 지켜보면서 저는 평범한 사람이야말로 누구보다도 위대한 가치를 보일 수 있다는 교훈을 배웠습니다. 어머니께서는 당신께서 평범하신 것을 깨달으셨기 때문에 스스로의 욕심을 내세우지 않으셨습니다. 그리고 저는 어머니와 너무나도 달랐기 때문에 그 차이를 인정하고 더 깊은 유대감을 쌓을 수 있었습니다. 너무나도 평범한 어머니께서 주신 큰 사랑과 인내야말로 저를 문제아에서 숭실대학교 학생이자 자랑스러운 아들로 만든 원동력이었습니다.

3장

부모님과 만나다

내 인생의 주춧돌!

부모님의 인생, 나의 인생

김영돈(언론홍보학과)

사전에서 '평전'을 찾아봤다. 개인의 일생에 대하여 평론을 곁들여 적은 전기라는 뜻이다. 일반적인 평전의 경우 그 사람에 대해서 잘 아는 사람이 '사실'에 '평가'를 얹어 쓴다고 한다. 처음 과제를 받은 순간부터 나는 나의 부모님에 대한 평전을 쓸 수 없다고 생각했다.

먼저 반백 년을 넘게 살아 온 인생을 스물여섯의 내가 평가하는 일은 우습다. 나는 자식이지만 부모님의 삶을 잘 알지 못한다. 또한 살아온 시대가 다르기에 나의 평가는 주관적일 것이다. 나의 부모가 살아온 시대는 지금보다 거칠었다. 내가 청계광장의 물대포를 피해 달아날 때, 그들은 오월의 광주에서 총알을 피해 창문에 솜이불을 덧대고 숨었다. 배가 고파 치약을 먹었던 아버지의 유년 시절 이야기를 들으면 지금 나의 불만은 유치한 투정 같아 보였다. 그래도 글은 써야하니 평가는 최대한 줄이고 내가 아는 사실 위주로 글을 써보려고 한다.

"선생 똥은 개도 안 먹는다."는 속담이 있다. 선생 일이 고되고 녹봉도 박해서 개들도 외면하는 독한 사람이 된다는 뜻이다. 아버지는

2남 3녀 중 세 번째로 태어난 장남이었고, 조부는 초등학교 선생님이었다. 너무 이른 나이에 세상을 떠나 어른들이 이름도 알려주지 않는 어린 고모까지 합하면 여덟 식구가 조부의 급여만으로 생활했다.

반면 어머니는 상인의 딸이었다. 외조부는 6.25 참전 용사였다가 공무원이 됐고, 이른 나이에 퇴직해 물류업체를 운영했다. 집안이 풍족한 편은 아니었지만 부족한 것 없이 자랐다고 한다. 외가의 먼 친척이 돈이 많아서 중화요리를 시킬 때 소고기 탕수육만 시켜주곤 했다는 어머니의 이야기를 들으면 아버지는 두 분이 같은 시대를 살아온 사람이 맞는지 의심하곤 했다. 어머니도 아버지의 어린 시절을 생경하게 듣기는 마찬가지였다.

어머니는 공부를 곧잘 하셨다고 한다. 하지만 외가는 어머니가 좋은 신부가 되어 시집이나 잘 가길 바라셨다고 한다. '가사실습학과'에 진학하라는 외조부의 권유에도 어머니는 고집을 부려 '과학교육과'에 들어간다. 학창시절 창문으로 줄에 매단 만화책을 몰래 들여와 봤던 것을 빼면 살면서 부모님께 가장 크게 반항했던 일이었다고 한다.

아버진 골목대장이었다. 요즘도 자주 만나 술도 마시고 당구도 치러 다니는 친구 분들은 초등학교 때부터 대학 때까지 쭉 알고지낸 불알친구란다. 사실 요즘으로 치면 '일진'이 따로 없는데 누구는 패고 누구한테는 맞고, 기타를 치며 여기저기 놀러 다녔다는 이야기를 듣고 있자면 가끔 튀어나오는 나의 딴따라 본능이 이해가 가기도 한다. 어쨌든 고3 수험생 때 정신을 차린 아버지는 1년 코피 쏟아가며 공부해 '과학교육과'에 진학했다. 서로 너무나 다른 인생을 살아왔던 두 분이 대학에서 처음 만나게 된 것이다.

나는 캠퍼스 커플이 잘 된다는 신화는 믿지 않는 편이다. 통계를 알아보지는 않았지만 백에 한 쌍이나 잘 될까 말까 할 것이라고 믿는다. 왜냐하면 내가 아흔 아홉이었기 때문이다. 하지만 씁쓸하게도 주변의 커플들에게는 축복을 건넨다. 캠퍼스 커플은 결혼까지 갈 수 있다. 내가 살아있는 증거다.

군대리는 역경을 넘고 어머니가 먼저 선생님이 된 다음 아버지도 취직에 성공했다. 지금은 'KT'로 바뀐 '한국통신'은 당시에도 공기업으로 좋은 회사였다고 한다. 합격자 인사발령에 자신의 이름이 적혀 나온 신문을 아버지는 아직도 가지고 있다. 일자리를 가진 오래된 커플은 식을 올리고 집을 얻어 그렇게 내가 태어났다.

어머니는 내가 존경하는 교사 중의 한명이다. 어머니는 수업을 거르는 일 없이 매일 학교에 가셨다. 교사가 학교에 나가는 것이 당연하다고 생각할지도 모르지만, 집이 있는 광주에서 학교가 있는 정읍까지는 왕복 120km의 거리이다. 올해 초 퇴직하셨으니 25년이 넘는 세월을 매일 출퇴근 하신 셈이다. 사고도 세 차례 있었는데 목과 다리에 깁스를 하고 입원하셨을 때 빼곤 그래도 학교에 나가셨다.

가끔 학교가 싫다고 말씀하실 때도 있었지만 학생이 싫다고 말씀하신 적은 한 번도 없었다. 어머니의 주말 당직 때 함께 갔던 적이 있다. 당시엔 나도 학생이었는데 그 학교에서는 기숙사생들이 어머니와 친근하게 이야기하는 것을 보고 생소했다. 내가 다니던 학교의 선생님들은 다소 권위적이었기 때문이다.

졸업한 제자가 작가가 됐다며 집으로 책을 보내오기도 했다. 책의 서문에는 어머니의 이야기가 쓰여 있었다. 작가는 시골학교의 부조리한 면에 타협하지 못해 힘들어 하셨지만 학생들에게는 항상 진심으로 대해줬던 어머니를 존경한다고 했다. 졸업한 제자들이 찾아와 가끔 인사를 하고 갈 때면 '나는 왜 저런 사제지간이 없었나?'하는 안타까움이 들기도 했다.

어머니의 학교가 너무 멀리 있다며 항상 못마땅해 하시던 아버지도 막상 어머니가 퇴직하시자 "이런 날도 오는구나."하며 씁쓸해하셨다. 그러면서 한편으론 "나만 방학도 없고 퇴직도 못하고 불공평하다"고 말하기도 하셨다.

사실 아버지의 직장 생활에 대한 이야기는 잘 모른다. 그래도 다른 가족에 비해 이야기도 많이 하고 사이도 좋은 편이라고 자부하지만 직장에 대한 이야기는 들은 기억이 없다. 어렴풋이 기억나는 일화는 대리였던 시절 아버지와 이름이 같은 부장에게 기획안을 빼앗겼다는 이야기 정도가 있다. 나도 인턴을 하고 회사에 다녀보니 아버지의 마음을 이해한다. 더럽고 치사한 일은 많지만 가족에게 말하고 싶지는 않았을 것이다.

매일 술에 취해 집에 들어오긴 했어도 아버지의 주사는 주무시는 것이었다. 아버지는 화를 내거나 큰소리를 치신 적이 없었다. 가끔 집안의 분위기가 좋지 않을 때도 아버지는 "엄마가 많이 힘들 테니 우리가 이해하자"며 우리를 다독이고 본인은 인내했다. 회사에서나 집에서나 아버지는 순리를 중시했고 '좋은 게 좋은 거다'는 신조로 살아오셨다.

사춘기 때는 그런 아버지가 바보 같고 우둔하다고 생각한 적도 있다. 하지만 대학에 와서 다른 친구들의 집안 이야기를 듣다보니 대부분 권위적인 아버지에 대한 고민이 많았다. 사회는 변했고 자식들의 머리는 컸는데 아버지는 여전히 고압적이라서 힘들다고 했다. 어떤 친구는 아버지와 싸우고 집을 나와 내 자취방에서 두 달 동안 지냈던 적도 있다.

그때 나는 모든 가정이 우리 가족과 비슷하지 않을지도 모른다는 사실을 깨달았다. 버릇처럼 우리 가족과 다른 가족을 비교하며 '우리 가족이 얼마나 대수라고', '왜 이 정도로 살지 못할까?'라는 어린 물음이 들기도 했지만 이내 반성했다. 서로 다른 환경에 처해있는 가족을 비교하는 것은 아무런 의미가 없어보였기 때문이다. 가족은 당연한 것이 아니었다. 부모와 자식이 무던히 노력해서 만들어내는 결실이었다.

나는 감히 내 부모의 인생을 성공했다고 평하고 싶다. 나와 내 동생을 잘 길러줬기 때문이다. 아직 경제적으로는 미흡하지만 예비 부모이자 개인으로서 우리를 '꽤 괜찮은 사람'으로 만들어줬다. 사회적으로 성공했거나 혹은 위대하고 숭고한 삶을 살고 있는 사람도 있겠지만, 적어도 '부모'라는 역할에 있어서 그들은 대단히 성공했다.

그들은 내게 대한민국을 좌지우지할 권력이나, 대학에 특례 입학할 만큼의 부를 물려주진 않았다. 하지만 나의 부모는 '한 사람이 나라를 쥐락펴락'하거나 '정당한 노력 없이 무언가 얻는 일'이 정의롭지 않다는 것을 알려줬다. 불의에 때로는 인내하면서도 절대로 꺾이지 않는 건강한 마음을 물려주셨다. 나는 이 정도면 됐다고 생각한다.

사회는 나와 내 또래들을 여러 가지를 포기한 세대라고 부른다. 동의하지는 않지만 나도 자연스럽게 결혼과 육아, 부모로서의 나의 모습은 포기했다고 생각했다. 하지만 다시금 생각해볼 일이다. 혹시 내가 부모가 된다면 나는 어떤 아버지가 될 것인가. 나는 자식에게 어떤 가치를 가르치고 어떤 삶을 살게 해줄 수 있는가. 과연 나는 자식에게 존경받을 수 있는 부모가 될 수 있을까. 나아가 자식에게 '성공한 부모'로 불릴 자신이 있는가. 미래는 확실하지 않지만 지금부터라도 내 삶에 책임감을 가져야겠다. 부모님이 나의 '롤 모델'이었듯 나도 내 자식 혹은 누군가의 앞선 발자국이 될 수 있기 때문이다.

'부모'라는 역할의 사람들

박민선(화학과)

A : 본인, B : 아버지, C : 어머니

A 안녕하세요. 저는 현재 숭실대학교에 재학 중인 박민선이라고 합니다. 반갑습니다. 먼저 간단히 자기소개부터 해주시겠어요?

B 안녕하세요. 저는 건축 사무소에서 감리를 하고 있는 박성호입니다.

C 안녕하세요. 저는 현재 강릉 아산병원 수술 회복실에서 근무 중인 수간호사 안득숙이라고 합니다. 반갑습니다.

A 창의적 사고와 글쓰기 과제를 위한 인터뷰 요청에 귀한 시간 내주셔서 감사합니다. 저는 이 인터뷰를 통해 먼저 부모님의 생애에 대해 알아보고 딸인 저에게 지금까지의 경험을 통해 해주고 싶은 말에 대해 이야기 해볼까 합니다.

A 먼저 아버지와 이야기 나누어보겠습니다. 지금까지의 삶에 대해 이야기 해주시겠어요?

B 저는 비교적 평탄한 삶을 살았어요. 3남매 중 장남으로 태어나 부유하진 못하지만 다복한 가정환경 속에서 '최선'이란 단어를 제일 중요시 여기며 근면, 성실하게 생활해왔어요. 고등학교 시절 아주 잠깐 방황하긴 했지만 정신 차리고 학업에 열중하여 건축학도로 진학했어요. 제 입으로 말하긴 부끄럽지만 방황했던 잠깐의 시간을 제외하면 아주 훌륭한 성적으로요. 교우관계도 원만했어요. 그때의 친구들을 지금도 주기적으로 만나고 있죠. 대학을 졸업하고 사회에 나와 전공대로 건축 쪽에서 일하며 400세대 이상의 공동주택 건축 감리 및 각종 이벤트사업, 전시장, 박물관, 실내 인테리어 공사 등을 해왔어요. 현재 또한 건축 감리 업무를 하고 있고요.

A 본인의 직업에 대한 자부심이 대단하신 것 같아요.

B 원래 고등학생 때 예술을 하고 싶어 화가가 되고 싶었어요. 하지만 그 당시에는 대부분 생계를 고려해 진로를 정했고 저 또한 생계를 위해 건축학과로 진학하였죠. 하지만 그게 신의 한수였죠. 생계 문제없이 예술을 할 수 있으니까요. 때문에 이쪽 일에 만족감을 가지고 자부심을 갖고 일 할 수 있었죠.

A 그리고 바쁘신 와중에 가정에 매우 충실하시다고 알고 있어요. 주말에도 어머니를 도와 요리를 하시고 빨래와 청소를 도우시고요.

B 저는 지금까지 건축 일을 하며 가족들과 떨어져 지내는 시간이 많았어요. 특히 맏이인 딸과 어렸을 적 많이 함께 있어 주지 못했죠. 초등학교 입학식 때도 일 때문에 참석하지 못하고 편지로 대신했죠. 그래서 같이 못 있어준 시간을 채우기 위해 항상 가정에서 가족들을 위하여 최선을 다하고자 해요.

A 사회생활을 하시며 가장 인상 깊었던 경험이 있나요?

B 딱 이러한 일이 있었다고 할 만한 경험은 없네요. 하지만 지금까지 남들보다 잘났다고 생각해서 자만했던 적도 있었고, 남들보다

못한다 생각해서 한없이 작아졌던 적도 있어요. 결과는 항상 후회로 가득했고요. 그러한 일들을 겪으며 겸손함을 배우게 됐죠. 남들보다 앞서가게 되더라도 자만하지 않게 되었고 남들보다 뒤처지게 되더라도 포기하지 않게 되었어요. 항상 최선을 다했죠. 저희 집 가훈을 "매사진선(每事盡善)"으로 정했을 만큼이요. 어쩌면 후회했지만 제 인생의 모토를 만들어준 그 경험들이 제 인생의 터닝 포인트가 되었기 때문에 값진 경험이었네요.

A 그럼 이제 어머니와 이야기 나누어보겠습니다. 어렸을 적 어떻게 자라셨나요?

C 저는 강원도 동해에서 회사원 아버지, 주부인 어머니한테 2남 1여 둘째로 태어났습니다. 남동생이 1살 때 집에 화재가 발생하여 화상을 심하게 입었는데 어머니는 6년 동안 동생과 서울 큰 병원에 가셔서 함께 생활하셨죠. 때문에 가정에 소홀하셨을 수도 있는데 늘 가정에 최선을 다한 어머니 덕분에 큰 어려움 없이 초등학교 과정을 보냈습니다. 초등학교 6학년 시절 회사에서 사고로 허리를 다친 아버지 대신 어머니는 우체국 보험을 시작하셨죠.

A 그 당시 많이 힘드셨겠어요. 아무리 어머님(외할머니)이 일을 시작하셨다고 해도 경제적으로 어려움이 있었을 것 같아요.

C 조금 힘들었어요. 하지만 건강을 회복하신 아버지는 완쾌하신 후 다시 직장생활을 하셔서 큰 어려움은 없었어요.

A 그럼 시간을 더 지나 이야기해볼까요? 제가 알기로는 고등학생 때 진실을 파헤치는 기자에 대한 동경으로 기자가 되고 싶으셨다고 들었는데 사람들을 치료하는 간호사가 되기로 결심하게 된 계기는 무엇이신가요?

C 이상 대신에 현실을 택한 거죠. 제가 고등학교 2학년 때 어머

니는 불의의 사고로 병원생활을 하셨기 때문에 기자가 되고 싶었던 저는 어쩔 수 없이 취업이 잘되는 간호학과에 입학했어요.

A 저라면 저의 꿈을 포기하기 힘들었을 것 같아요.

C 저도 어려운 결정이었지만 가족을 위해 해야만 하는 결정이었죠.

A 그렇다면 대학 생활은 어떠셨나요? 원하는 진로가 아니라 적성에 맞지 않아 힘드시진 않았나요?

C 과에 대한 어려움은 없었어요. 생각보다 간호학과가 제 적성에 맞았거든요. 오히려 어려움을 겪은 부분은 성격이었어요. 고등학교 다닐 때까지 저는 조용하고 수줍음이 많았어요. 대학에 들어가면서 많은 사람들을 접하게 되면서 성격을 바꾸어야 한다고 생각하여 대외적으로 많은 활동을 했어요. 대학 내내 학생회 활동도 하면서 학교 신문사 기자로 활동하고, 놀 때는 열심히 놀기 위해 하루에 한 번씩 클럽에 갈 정도였어요. 그렇지만 친구들과 공부할 때는 공부를 열심히 하고 대학생활 내내 부모님의 큰 도움 없이 학교생활을 하면서 장학금도 꾸준히 타며 학교를 다녔고 그 누구보다 기억에 남는 대학을 보냈어요.

A 졸업 후에는요?

C 졸업 후 사람은 서울로 가야한다는 생각에 서울에 있는 대학병원 간호사로 취직해 일은 힘들고 고달팠지만, 직장동료들과 가족같이 지내면서 서울에서 6년 동안 병원생활을 했어요. 남편을 만나고 이 사람과 결혼 후 지금의 강릉에 있는 병원으로 이직하여 올해로 26년째 직장생활을 하고 있어요.

A 현재 근무하고 계신 강릉 아산병원을 포함해 지금까지 꽤 큰 병원들에서 근무해오셨는데 일이 많이 힘드시진 않나요?

C 처음에는 힘들었지만 오랫동안 이 일을 해오다 보니 어느 샌

가 적응이 되고 동료들과 팀워크가 좋아져 이젠 많이 힘들지 않아요. 물론 일이 많을 때는 힘들어요.

A 이제는 높은 직책을 가지고 신입 간호사분들을 교육하시는데 신입간호사분들이 들어오면 항상 하시는 말씀이 있다고 들었어요. 어떤 말씀이신가요?

C 저는 신입간호사들이 입사하면 "첫 직장은 그동안 알아차리지 못했던 자신의 단점을 파악하게 되고 새로운 곳, 새로운 사람과의 인간관계에서 그 단점을 극복할 수 있는 기회를 얻게 되는 곳이다"라고 말해요. 제가 대학생활을 시작하면서 소극적이고 수줍음 많았던 성격이 변했듯이 직장 후배들도 단점을 보완 할 수 있는 기회로 첫 사회생활에 도움이 되기를 바라며 조언합니다.

A 그럼 마지막으로 해주실 말씀 있으신가요?

B 제가 자식들에게 바라는 것은 항상 최고가 아니라 모든 일에 최선을 다하기를 바라고, 특히 자기계발에 최선을 다하는 사람이 되는 것입니다. 그리고 세상을 살아가면서 유리하다고 교만하지 말고, 불리하다고 비굴하지 말라고 가르치고 싶네요.

C 인생은 돌고 돌며, 인연도 돌고 돌면 언젠가는 다시 만나게 된다고 생각해요. 10년 전에 그만두었던 직장 동료들을 우연히 경주여행가서 만나고, 강원도 어딘가의 횡단보도에서 마주치는 것이 인연이고요. 저는 나이 40이 지나면서 타협을 하고, 삶에서 가장 중요한 것은 다른 사람을 아프게 하지 않는 것이라고 생각합니다. 잘못을 한 직장동료들을 보면서 실수할 수도 있다는 생각을 하면서 다그치기보다는 기다려주고, 지켜봐주는 마음이 커졌어요. 저는 제 딸이 인생을 살며 만나는 모든 인연을 소중히 여기고 타인을 배려해주며 살았으면 좋겠네요.

A 좋은 말씀 감사드리며 인터뷰 마치겠습니다. 지금까지 감사합니다.

'부모'라는 이름으로 항상 거대해 보였던 부모님들의 생애를 알게 되니 색달랐습니다. 부모님의 인터뷰가 아니라 '건축가 박성호', '간호사 안득숙'을 만날 수 있었던 기회였습니다. 항상 어머니, 아버지의 모습으로 가정에서 마주하니 부모님 또한 한 사람이며 다른 사람의 친구, 선후배, 상사임을 잊고 지냈던 것 같습니다. 인터뷰를 통해 사회에서의 부모님 모습을 볼 수 있었습니다.

부모님께서는 바쁘신 와중에도 제가 학교에서 회장, 부회장을 맡으면 그 누구보다 적극적으로 도와주셨고 교우관계나 학업으로 힘들어 할 때면 학부모의 입장인 아닌 부모의 입장에서 저를 이해해주시고 고민해결에 도움을 주셨습니다. 저에게 부모님은 제가 힘들 때 돌아갈 수 있고 기댈 수 있고 쉴 수 있는 분들이었습니다. 이분들이 버팀목과 휴식처가 돼주실 수 있으셨던 이유를 지금까지 생각해 보지 않았습니다. 이번 기회를 통해 그분들이 직접 다양한 경험을 해 보셨기 때문에 저의 휴식처가 돼주실 수 있었음을 알 수 있었습니다. 또한 가장 가까운 관계에 있으면서 부모님께서 저에 대해 모든 것을 알고 계신 것에 비해 저는 그분들에 대해 많은 부분을 모르고 있다는 점이 죄송하였고 앞으로 부모님께 더 관심을 갖고 알아가야겠다고 생각하였습니다.

인터뷰를 하며 부모님 모두 본인이 원한 진로가 아닌 생계를 위해 진로를 택하신 것이 안타까웠지만 현재의 일을 택하신 것을 후회하지 않으셔서 다행이라고 생각하였습니다. 어머니는 대학 신문사 기자로, 아버지는 하시는 일에 예술을 접목시키며 본인이 하고 싶으셨던 일을 포기하지 않으신 게 인상 깊었습니다.

제가 어렸을 적 아버지는 항상 모든 일에 최선을 다하라 말씀하셨고, 어머니는 타인을 배려하며 살라고 하셨습니다. 지금까지 왜 그렇게 그 말들을 강조하시는지 모른 채 그저 마음에 새기려 했습니다. 그렇기 때문에 그 말들이 크게 와 닿지 않아 제 것이 되지 못했었습니다. 하지만 이번 인터뷰를 통해 그러한 말씀을 강조하신 이유를 알게 되었고 비로소 제 것으로 받아들일 수 있었습니다.

부모님의 말씀대로 모든 일에 최선을 다하고 자기계발에 노력하는 사람이 되겠습니다. 그리고 겸손함과 당당함을 가지고 세상을 살아가면서 유리하다고 교만하지 않고, 불리하다고 비굴하게 살지 않겠습니다. 아무리 악연이라 하더라도 악연 속에서 의미를 찾고 모든 인연을 소중히 여기며 타인을 배려하며 살겠습니다.

처음

이동수(의생명 시스템 학부)

그는 20살의 나이에 한 아이의 아버지가 되었다.

1997년 동갑내기 소녀와 눈이 맞아 관계를 맺게 된 그는 한 아이를 잉태하게 된다. 이 사실을 전해들은 그는 할 말을 잃은 채 숨을 죽이고 있었다. 아무것도 모를 나이에 짊어지게 된 큰 무게, 임신을 하고 6개월이 지났다. 불러지는 배를 보며 언제까지 숨길 수 없다는 사실을 알고 있었는지 그는 이 사실을 가족에게 말하러 가게 된다.

"엄마...저 이 여자 뱃속에 제 아이가 있습니다."
잘못 들은 것인가. 귀를 의심해보는 노년.
"뭐라는겨?"
대답하지 못하는 소년과 소녀.
"아니 지금 뭐라는겨? 둘이 뭔 짓거리를 한겨."
여전히 대답하지 못하고 고개를 푹 숙이는 소년과 소녀
"니들 나이가 몇인 줄은 알고 있는겨? 낳을 생각은 죽어도 하지 말어. 지워 버리란 말이여."

그때 소녀가 입을 연다.

"싫어요. 저 죽어도 이 아이만큼은 안 지울 거예요."

모든 가족이 반대를 했다. 하지만 두 소년, 소녀를 봐서일까? 아니면 그냥 꺼낸 이야기일까? 조용히 듣고 있던 증조모가 입을 열게 된다.

" 낳게 혀..."

노년이 증조모에게 다시 되물었지만 되돌아오는 대답은 같았다.

"낳게 허라구."

그렇게 한 아이가 빛을 볼 수 있게 되었다.

인생에 있어서 가보지 못한 곳, 해보지 못한 것을 하면서 경험을 통해 여기저기 부딪혀보고, 배워나가는 나이 20살, 아무런 경험도 없이 세상과 마주치게 된 것이다. 그는, 무엇부터 시작해야하는가를 알지 못한 채 갈팡질팡하고 있는 그. 대학에 다녀 교육을 받지도 못하고, 육아와 인신 상의 문제로 군복무 면제가 되었다. 부모님에게 손을 벌릴 법 한데 2년 후 그는 가정을 이끌고 독립을 해 살아가게 된다. 그리고 할 수 있는 건 여기저기 지원서를 넣고 기다리는 일. 그러다 예산에 있는 한 자동차 정비 관련 회사에 취업하게 된다. 20살의 나이에 이런 회사에 들어오게 된 그의 얘기를 얘기를 듣는 사람들은 하나같이 그를 대견하다고 말해준다.

처음으로 경험하게 된 육체적인 노동, 그리고 실패는 용납하지 않는 사회. 이에 따라 수반되는 정신적인 스트레스에 견디지 못할 것만 같아 보인다. 하지만 투정부리지 않고 묵묵히 자신의 책임을 다 해내기 위해 노력한다. 적응하는 것이 아닌 그저 이 악물고 버틴다고 밖에 설명 할 수밖에 없는 모습. 이렇게 포기하지 않고 계속해서 한 곳에 머물렀기 때문일까 사람들의 인정은 늘어나게 되고 3년 만에 관리직의 팀장으로 근무하게 된다.

누구에게도 배워본 적 없던 육아와 교육 그리고 허드렛일들. 누구보다 가정에 있어서 헌신적이고 웃음을 잃지 않는 그녀, 항상 조용히 뒤에서 뒷바라지 하고 가족을 누구보다 챙겼다. 가족 중에 누가 뭐라고 하던 항상 져주고 자신보다 가족을 더 아끼던 그녀, 하지만 그녀도 사람이기에 포기하려고 해봤던 적도 있다. 포기하고 싶지만 자신의 엄마한테 버림을 받은 자신을 떠올리며 포기하고 싶어도 포기하지 못하다. 아이들은 누구보다 사랑이 필요하다는 것을 알기 때문이다.

두 사람의 교육에는 답이 존재하지 않는다. 대학은 나오지 않았지만 자식에게 학업에 있어서 강요하거나 공부가 인생의 전부라고 말하지 않았다. 항상 의문만이 존재했을 뿐이다. '모든 것을 바라볼 때는 의문을 품고 다가가며 깊이 생각해보고 모르는 것이 있다면 누구에게든지 물어봐라.' , '그리고 계속되는 물음에 짜증을 내는 사람이 있다면 그건 자신의 무지에 스스로 화를 내는 것이니 신경 쓰지 마라.' 이렇게 자유로운 교육을 받고 자랐기에 두 아이의 행동과 사고는 자유로울 수 있었다.

…

'철컥'

나는 문을 열고 아빠에게 다가간다. 글을 쓴다는 핑계로 지금까지 나누지 못했던 대화들을 나누기 시작했다. 오랜만에 대화라서 그런지 어색한 기운이 맴도는 듯했다.

"아빠는 남들보다 일찍 결혼해서 일찍 저를 낳게 되었잖아요. 후회는 없어요?"

"후회..없다고 하면 거짓말이겠지. 하지만 과거로 돌아가고 싶은가를 물어본다면 나는 주저 없이 아니라고 말 할 거야."

나는 할 말이 없어 입을 다문 채로 조용히 있었다. 그리고 아버지는 다시 입을 여셨다.

"많이 힘들었어. 모든 걸 시작할 수 있는 나이에 모든 걸 포기한다는 게. 어린 나이에 시작한 일은 적응하기보다는 이를 악물고 비틸 뿐이었고. 엄마하고 불화도 많았고 너희들을 대하는데 있어서도 힘들었어."

그 말을 듣고 생각했다. '이렇게 힘드시게 나를 길러 주셨는데 지금까지 무슨 행동을 하고 있었던 거였지?' 지금까지의 행동에 죄책감이 든 채로 입을 열었다.

"지금까지 제가 부모님 마음도 모르고 멋대로 행동하고 제 생각만 해서 죄송해요. 아버지는 처음부터 아버진 줄 알고, 항상 불만만을 가졌던 것 같아요."

"그래 나도 이 시대를 살면서 아버지를 처음 하게 된 것이고, 그리고 너도 처음 아들로서 살아갈 수 있었던 거야. 오늘 하루도 인생에서 처음이기에 우리는 실수를 하게 되는 것이고 이해할 수 있었던거야..."

그렇다. 우리는 매일매일이 같다고 느끼지만 모든 것이 처음인 곳에 살고 있는 것이다.

엄마는 처음으로 엄마를 아빠는 처음으로 아빠를 하게 된 것이었습니다. 아버지는 항상 무뚝뚝하시고 말도 별로 없으시기에 조용하다고 생각했고, 바지주머니에는 항상 넉넉하게 돈이 있으실 거라고 생각했습니다. 제가 타지로 떠날 때는 아무런 감정도 없으실 줄 알았습니다. 어머니는 옷도 화장품도 어떤 물건도 사지 않으시고, 얼굴도 몸매도 관리하지 않으셔서 다른 여자들처럼 꾸미는 것에는 관심이 없다고 생각했습니다. 하고 싶은 것 가고 싶은 곳이 없이 딴 생각은 전혀 안 하실 줄 알았습니다. 두 분의 배려와 사랑을 느끼기에 학창시절에 저는 미숙하고 부족한 점이 많았습니다. 하지만 이제는 남들은 갖지 못한 젊은 부모님이 좋고 자랑스럽기까지 느껴집니다. 이제 스무 살이 되고 부모님에게 조금은 가까워졌고 혼자 생활하면서 지금까지 부모님에게 느끼지 못하는 많은 것들을 느끼고 있습니다. 부모님들의 행동들 하나하나가 당연하게 여겨졌던 때와는 사뭇 다르게 느껴지는 부모님의 표정과 행동이 보입니다. 누구보다 무심하다고 생각했던 아버지는 누구보다도 제 생각을 하셨고 누구보다도 자식들의 사랑이 필요했습니다. 누구보다도 자신을 챙기시지 않던 어머니는 누구보다도 자신을 아끼고 하고 싶은 것도 많았습니다. 이런 두 분의 태도와 사랑에서 지금의 내가 나왔고 부모님께 항상 감사하다고 생각합니다. 하지만 이제 사랑하고 감사한다는 말을 하기는 서로 낯간지럽기에 하지 못하는 생각을 여기에 담았습니다.

내 인생의 주춧돌!

초판 발행일 2017년 2월 1일

편 저 숭실대학교 베어드학부대학
발행인 황준성
발행처 숭실대학교 출판국
등 록 제14-2호(1982. 1. 25)
서울 동작구 상도로 369
전 화 02-820-0772
팩 스 02-817-5297
홈페이지 http://press.ssu.ac.kr
디자인·인쇄처 디자인 그린비(02-2275-5756)
값 12,000 원

ISBN 978-89-7450-358-1 (03800)